子どもに

任せる勇気と教師の仕掛け

子どもが主体になる教室ができるまで

深見太一［編著］

明治図書

はじめに

とても一生懸命な先生がいます。夜遅くまで授業準備をして、子どものことをたくさん考えています。数多く本を読み、休みの日にも熱心に学んでいます。けれどもいまいち子どもとの関係がうまくいきません。やればやるほど、子どもたちは「先生がやるからいいでしょ」と考え、手を抜き始めます。

過保護な保護者を例に考えてみてください。小さな頃から、子どもの世話をたくさん焼きます。子どもが着る服をタンスから出し、子どもが嫌いな食べ物はなるべく避けて食事をつくります。おもちゃの片付けも、友だちとのトラブルもすべて保護者が解決してくれます。果たしてこの子の将来はどうなっていくでしょう。

先生の中でも少し過保護かなという先生を時々見かけます。子どもたちが転ばないように、歩いている道にある石をすべて取り除いて整地してから歩かせようとします。けれども子どもたちが社会に出ると、整地された道はほとんどありません。むしろオフロードばかりです。川もあれば海もある。山もあれば、危険生物も出てきます。だからこそ、今の内にたくさん転ばせてあげることが大切なのです。転んだ時に大けがをしない転び方や、死なない方法を身に付けておくことの方が、その後の人生において何倍も重要なのです。

ある時、任せるのが苦手な先生に「どうして任せないの？」と聞いたことがあります。するとその先生は「任せるとどうなるかわからないので怖いんです」と答えてくれました。その気持ちもとてもよくわかります。もちろん、子どもに任せると何が起こるかわかりません。時々とんでもないことも起こります。

その先生には、こんなたとえ話をしました。私は、昔ジェットコースターに乗るのがとても苦手でした。高いところも怖いし、とんでもないスピードで走り抜けるのがたまらなく嫌いでした。けれどもいつも楽しそうに乗っている妹から、ジェットコースターに乗る時には、「身体の力を抜いて、身を預けると楽しくなるよ」と教えてもらいました。それまでは、怖くて身体中に力を入れて、安全バーに必死で掴まっていました。バーを握れば握るほど怖さは増していきます。あのスピードに抗おうとするのは無理だと悟り、すべてを委ねた瞬間にジェットコースターが楽しい乗り物に変わるのです。

子どもたちと主導権争いをしてしまうと、手綱の引っ張り合いになります。こちらが引っ張れば、子どもたちも同じ力で引っ張ってきます。この力を緩めない限りは永遠に引っ張り合いが続きます。やがて先生が疲れ切ってしまいます。怖いかもしれませんが、一度手綱を緩めて少しずつ子どもたちに任せてみましょう。こちらが子どもたちに任せるから、子どもたちも先生に任せてくれるようになるのです。不思議ですが、そこには鏡の法則がしっかりとあるのです。

子どもに任せるとは？

一見すると聞こえはいいですが、その裏側に実はたくさんの仕掛けが隠されています。ちょっと人の教室を見ただけでは、隠された仕掛けは見えません。

本書では、多くの先生方にその裏側を教えてもらいました。仕掛けとそこに至る考え方。その2つを少しずつ取り入れることで、任せ上手な先生になっていきます。

子どもに任せることで、子どもたちは確実に成長していきます。そして成長スピードも全然違います。

本書を読み終わった時、「子どもに任せてみようかな」と、少しの勇気をもってもらえるような1冊になれば嬉しいです。それが、必ず子どもたちのためになるのではないか、と考えています。

深見太一

目次

はじめに　深見太一　11

序章　子どもに「任せる」ために教師がやるべきこと　深見太一　23

第1章　クラス運営を「任せる」　矢田良博・深見太一

01 「子どもたちはきっとできる！」と信じる　24
02 問題の解決を成長のチャンスにする　28
03 子どもの発想を大切にする　32
04 子どもたちがヒーローになれるようにする　36
05 子どもが子どもの居場所をつくる　40
06 子どもが子どもの困りごとに寄り添う　44
07 理解することがあたたかい教室をつくる　48
08 関係性を温めることで任せる　52

09 アイスブレイクを任せる 56
10 頭ではなくハートに訴えかける 60

第2章 学級システムの運営を「任せる」

佐橋慶彦・深見太一 65

01 配付・返却を任せる 66
02 掲示物の更新を任せる 70
03 朝の会・帰りの会を任せる 74
04 道具の管理を任せる 78
05 係に学級インフラを任せる 81
06 イベントの開催を任せる 85
07 係活動へのフィードバックを任せる 89
08 教室の物語づくりを任せる 93
09 任せないシステムもある 97
10 学級運営やシステムを任せる良さ 101

第3章 個別学習を「任せる」 五十嵐太一 105

01 個別学習をする前に3つのNGを考える 106
02 個別学習を任せた子どもたちから見えるもの 110
03 個別学習を任せていく言葉かけ 114
04 任された子たちから学習に向き合う 118
05 家庭学習を任せる 122
06 家庭学習を楽しむ 126

第4章 協同学習を「任せる」 乾 倫子 131

01 協同学習を「任せる」 132
02 子どもたちが問う授業へ 138
03 自ら学びを選択する姿を目指す 146

第5章 クラス会議・話し合い活動を「任せる」 室根広菜・深見太一 153

01 社会見学の企画・運営を子どもたちに任せる 154
02 自己評価・ふり返りを子どもたちに任せる 158
03 自分たちの課題を自分たちで改善する 162
04 席替え・当番決め・掃除の時間を子どもたちに任せる 166
05 クラス会議でトラブル解決を任せる 170
06 心理的安全性を高めて任せる 176
07 悩みを話すことで関係性を構築する 180
08 道徳よりもクラス会議が効果的な理由 184
09 あたたかい教室で話し合いを任せる空気をつくる 188
10 クラス会議をやろうとするだけで 192

第6章 一人一台端末の運用を「任せる」　二川佳祐　197

01 情報の得方を任せる　198

02 アウトプットを任せる　202

03 交流を任せる　206

04 使う使わないを任せる　210

05 ルールを任せる　214

第7章 トラブル解決を「任せる」　松山康成・深見太一　219

01 トラブル解決を「任せる」ために必要な教育的支援　220

02 トラブル修復スキルを学ぶピアメディエーション　228

03 ロールプレイ授業と、授業後の子どもたちのトラブル解決　232

04 トラブルを未然に防ぐプロアクティブ　236

05 立ち歩きが止まらない子に対して 240
06 結局は覚悟の問題である 244
07 失敗を恐れない 248
おわりに
執筆者一覧・参考文献

序章

子どもに「任せる」ために教師がやるべきこと

深見太一

子どもに「任せる」ために教師がやるべきこと

任せるためにやるべきことの中で一番大切なことは「任せる」と決めることです。そうすることで、次にやるべきことが見えてきます。

真の意味でぼくを豊かにしてくれたのは、ぼくが受け取ったものより多くのものを与えた場合だけだったということを認めなければなりません。

サン＝テグジュペリ

『星の王子さま』を書いたことで有名なフランスの小説家はこのように言っています。任せるという行為は、受け取るよりも与える量が多くなります。授業にしても、行事にしても学校生活において先生が受け取るのではなく、子どもたちが受け取る量が増えていきます。

つまり先生は与える量が増えるのです。

わが子が小さい時、ぬり絵を一緒によくやりました。もちろん大人が塗ったほうがきれいに塗れるし、完成度も高くなります。子どもに塗ってもらうと、たくさんはみ出すし、色も本当に自由に塗ります。出来上がった塗り絵だけを見ると、大人が塗ったほうがきれいにできますが、塗り終わった後の子どもの表情を見ると、果たしてそうなのかな、という気持ちにもなります。

どうしたら、先生が与える量が増えるのでしょうか？　その答えは、**矢印を自分ではなく子どもに向ける**ということです。自分がどう思うかではなく、子どもがどう感じているかというアンテナを高く張ります。発問ひとつとっても、「こうやって問うと子どもはどう受け取るか」という感度を高めていきます。自分がどう見られているかではなく、子どもがどう感じているか。常に子どもに矢印を向けて発信することで、自然と与える量が増えていき、結果として任せることにつながります。

啐啄同時（そったくどうじ）という言葉があります。親鳥は卵を温めてヒナが生まれるまで待ちます。ヒナは卵の中で成長して外に出る準備が整うと、クチバシで殻を割って出てきます。ところが、殻が硬いので生まれる前のヒナの力では割れません。そこで親鳥は外側からクチバシで殻を突き、卵を割って出てくるのを助けます。ヒナが殻を叩く（啐・

そつ）と親鳥が殻を叩く（琢・たく）が同時だから、無事にヒナが生まれます。

ヒナが叩いているときに親鳥が手伝ってあげないとヒナは卵から出てこられません。ヒナの準備が整っていないのに、親鳥が殻を割ってしまうと、ヒナは生まれるまえに命を落としてしまいます。

これは、「任せる」ことにおいても同様と言えます。**子どもが伸びようとしているタイミングと、先生が任せようとするタイミングがちょうど一致したときに、ぴったりとはまる**のです。早すぎても遅すぎてもいけない、ちょうどタイミングがぴったり合うことで、卵の殻を破るように、子どもたちが成長できるのです。

そのためには子どもをよく観察していないと、タイミングがわかりません。卵の殻を内側から叩く音をきちんと聞き取ること。目の色の変化かもしれないですし、先生への問いかけかもしれません。子どもが今まさに伸びようとしている時に、先生が任せる。課題も、与えすぎず、説明しすぎず、ほったらかしすぎず、簡単すぎず、難しすぎない。そして、上手に失敗させる。教室という箱の中で、失敗をきちんと経験することが、次の成功につながるのです。

失敗か成功かではない

小さい頃に失敗を経験していないと、極端に失敗を恐れる子になります。失敗か成功かの二択で考えるからです。

こうなると常に、成功する道や失敗のない安全な道だけを選ぶようになります。そして最終的には、失敗を恐れて動けなくなります。そうではなく、何度かの失敗の先に成功・成長があると知るとどんどん失敗できます。だからこそ、小さな失敗をどんどんする方が良いのです。なるべく失敗させないようにと周りの大人が環境を整えてしまうのはむしろ害悪になるのです。よかれと思って、あれこれ口を出したり、手を出したりして子どもが少しでも失敗しないようにしてしまう気持ちもわかります。ミクロな目で見ると、それで良いのかもしれませんが、マクロな視点で見るとむしろマイナスなのです。

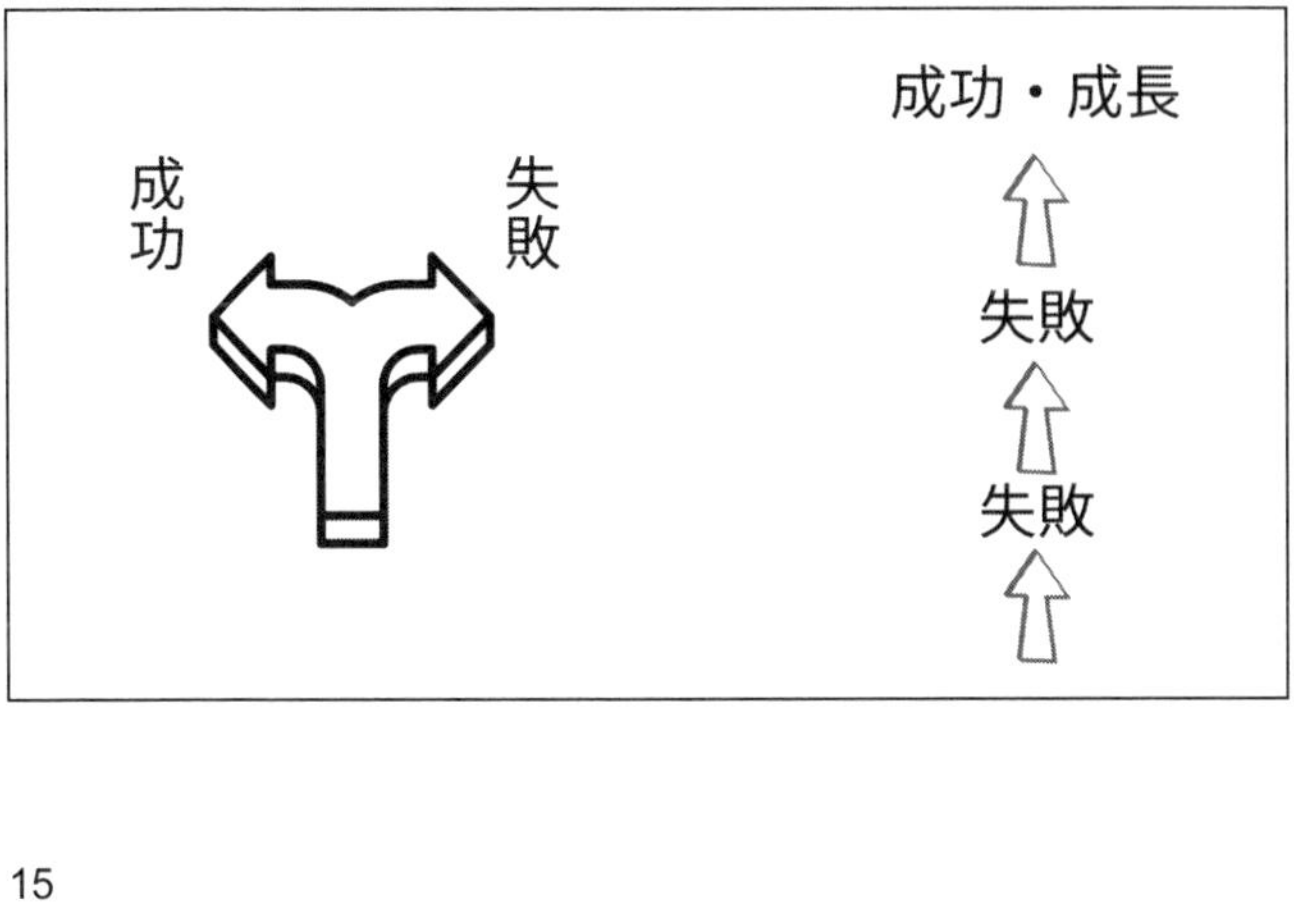

外国籍の子が7割の教室で

公立小学校勤務最後の年、外国籍児童が7割いるクラスの担任になりました。毎日起こる問題の数々に頭を悩ませました。言葉や文化の壁・貧困・暴力暴言・学力差などなど数え上げればきりがないほどです。中には親がドラッグをやっている子もいました。担任として何ができるだろうか考えましたが、なかなか良いアイデアは浮かびませんでした。

習字の時間に空き教室の床にほうきを使って墨で落書きをしたり、給食の時間に牛乳パックを水風船のように床に叩きつけたりして遊ぶ子どもたち。半ばあきらめかけていましたが、こんな時だからこそ子どもたちに任せてみようと思いました。

まずは、帰りの会でお笑い係を任せました。元気の良い女の子数人が、鼻の頭をマジックで黒く塗って、それを手で隠した状態で前に出てきて「じゃじゃーん」と言い、みんなに見せてくれました。たったそれだけのことでしたが、教室の中にあたたかい空気が流れたのをとてもよく覚えています。

そこから少しずつ子どもに任せ始めました。ネパールから転校してきたばかりの日本語があまりわからない子には、日本語が堪能な子に私の言葉を翻訳してもらったり、勉強が苦手な子には、得意な子に隣にいてもらったりしてサポートをお願いしました。

教室があまりにも落ち着かない時には、毎朝瞑想を取り入れました。私一人の力ではどうしようもないので、いろいろな人に任せることで、たくさんの力を借りました。劇的に良くなることはなかったですが、それでも少しずつクラスの状況は改善していきました。緩やかに落ち着ける場面が増え、トラブルも1学期、2学期、3学期と時間が過ぎるとともに減っていきました。なにより、一人で頑張らなくても良いという安心感が私を救いました。すべての問題を一人で抱えて、一人で解決しようと行動していたらパンクしていたと思います。そうではなく、一人で頑張るのを諦め、手放し、周りの人や副担任の先生や子どもに助けを乞いました。そうすることで、イライラすることが減り、自分一人の課題ではなく、クラス全体の課題とすることができたのです。

諦めるとは「明らかに見る」という語源で、仏教用語になります。混乱していることを明らかにすることで、手放すことができるのです。教室の状態を明らかにするのには少し勇気がいりました。自分ができていないことをたくさん人に伝えなければいけないからです。けれども、できていないのにできているフリをするのではなく、まずは明らかにして、手放すことから、人に任せることは始まります。先生だから完璧にしなければとか、なんとかしなければというプライドを一旦隅に置いておきます。先生も、できないことがたくさんある。一人の人間なんだと伝えることから始めてみるのはいかがでしょうか。

音痴な自分を思いっきり披露する

私は歌の音程を取ることができません。音の高い低いというのがわかりません。朝の会で歌を子どもと一緒に歌っても、音程が外れているので子どもたちからよく笑われます。時には「歌わないでください」なんて言われることもあります。けれども一生懸命歌います。なんの話だと思うかもしれませんが、**できない自分を子どもたちに思いっきり披露してしまうことの大切さ**を伝えたいのです。最初の段階で、できない自分を知ってもらうだけで肩の荷が下ります。先生としての鎧を脱ぐことができるのです。完璧じゃないから、みんなの力を借りたいことを伝えるのです。「もう先生ダメだなあ」とか言いながら、なんだか子どもたちはとても嬉しそうにします。

『ワンピース』のルフィは海賊王になると言いながら泳げません。『スラムダンク』の桜木花道は、運動神経は抜群ですが、バスケを全く知りません。長く愛されている漫画の主人公には必ず弱点があります。弱さを見せられるのも実は強さなのです。弱さを見せられれるからこそ、周りの仲間に思いっきり頼ることができるのです。先生も完璧を装うのではなく「○○が苦手だから助けてね」とあらかじめ子どもに宣言しておきましょう。子どもたちも任された時に「よし、先生のためにやってあげよう」となるはずです。

フロー状態に入るということ

フロー状態とは、時を忘れるぐらい集中して対象に入り込む状態のことです。心理学者のチクセントミハイが提唱しています。

下の図を見てください。フロー状態に入るためには、与えられる課題が簡単すぎてもだめで、難しすぎてもだめなのです。授業がうまかったり、学級経営が上手だったりする先生は子どもがフロー状態に入れるようにしているのです。難しすぎず、簡単すぎない課題設定を行い、子どもたちを熱中の渦に巻き込んでいきます。授業名人と言われる方の授業を参観すると、どの子も脳に汗をかいているのがわかるくらいです。授業名人になれると良いのですが、それには長い道のりがあります。ですからまずは子ども

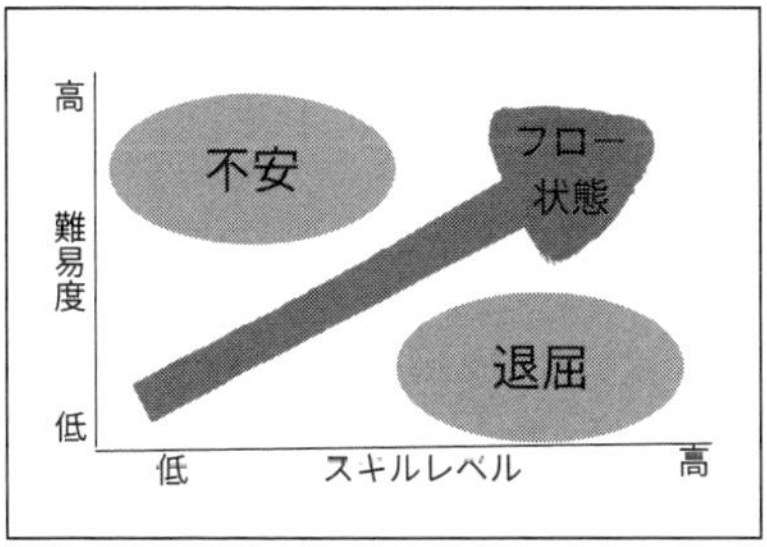

たちに任せていくことからスタートしてみてはどうでしょうか？

なぜ、任せることでフロー状態に入れるのかを説明します。フロー状態に入るための7つの条件を、チクセントミハイは次のように提唱しています。

1 目標の明確さ（何をすべきか、どうやってすべきか理解している）
2 どれくらいうまくいっているかを知ること（ただちにフィードバックすること）
3 挑戦と能力の釣り合いを保つこと（活動が易しすぎず、難しすぎない）
4 行為と意識の融合（自分はもっと大きな何かの一部であると感じる）
5 注意の散漫を避ける（活動に深く集中し探求する機会を持つ）
6 自己、時間、周囲の状況を忘れること（日頃の現実から離れたような、忘我を感じている）
7 自己目的的な経験としての創造性（活動に本質的な価値がある、だから活動が苦にならない）

チクセントミハイ『フロー体験入門』（世界思想社）より

以上7つがフロー状態に入るための条件になります。子どもたちは任されることで、次のように自然とその条件を満たしやすくなります。

1　そもそもの目標が明確です。
2　先生からフィードバックを受けながら進めていきます。
3　やらされる課題ではないので、挑戦と能力の釣り合いを保ちやすくなります。
4　自分の行っていることが、先生やクラスのみんなの役に立っていることを感じながら進めていきます。
5　任されるということは、程よく全力を出さないとクリアできない課題なので、注意散漫になることなく、集中して取り組めます。
6　おもしろい！と感じたことに対し、時間を忘れて熱中して取り組むことができます。
7　任されたことややりたいと思って取り組むことに、子どもは価値を見出します。言われたからやることではないため、その子やクラス全体にとっても価値が高く、やりがいにつながります。

フロー状態に入ると人は加速的に成長します。たった数か月で子どもが見違えるように変わる時は、フロー状態に入っていることが多いです。反対に、伸び悩んでいる子のほとんどは、退屈過ぎる課題や、緊張感が高く不安の大きすぎる課題が設定されている場合です。子どもに様々なことを任せることで、適切なバランスで課題設定ができ、フィードバックを受け、本質的な価値のある活動を行うことができるようになっていきます。

教師がやるべきことよりも

ここまで読み進めていただいたみなさんはすでに気づかれたと思いますが、教師がやるべきことは少なく、まずは覚悟をもって肚を決めるということが任せることのスタートです。「任せてみましょう」と提案すると、時間がないから、管理職の理解が得られないから、まだそんな力がないからとできない理由をたくさん挙げる方がいます。けれども、時間がないのでも、理解が得られないのでも、力がないのでもなく、「任せよう」という覚悟がないのです。少し厳しい言い方かもしれませんが、**覚悟をもってさえいれば、少しぐらいうまくいかないことや、不安材料がでてきても乗り越えることができる**のです。

何のために任せるのか。任せることで子どもたちが得られる力は何か。将来、幸せに生きていくために必要な力はどんな力なのかをまずはしっかり考えること。その上で、自分がなぜ教師になったのかという軸をしっかり見直すことも必要になってきます。

第1章

クラス運営を「任せる」

01〜07 矢田良博
08〜10 深見太一

01
「子どもたちはきっとできる！」と信じる

教師になったばかりの私はクラスの多くのことを自分でしていました。授業、掲示物の作成、作品掲示、全体への声かけ…。それらすべて教師の役目だと思っていたのです。

このように教師ばかりが動くことで、子どもの当事者意識はどんどんなくなっていきます。だからといって、何でも任せればいいというわけではありません。例えば、高い場所の掲示を1年生の子どもに任せたら、怪我の心配が出てきます。目の前の子どもの実態に合っていなければ、任せたことが子どもにとって大きすぎたと言えるでしょう。

そこで、私が心掛けているのは、まずは「小さなこと」をミッションにしたり、お願いしたりすることです。「小さなこと」とは、挨拶をすること、配り物をすること、ゴミを拾うこと、荷物を運ぶこと等、日常の短い時間の中でできることです。このような「小さなこと」を私は「子どもの幸せや成長につながること」という目的をもって目の前の子どもに合わせて任せています。主に次のようなステップで仕掛けます。

① 子どもにお願いする or 待つ
② 行動してくれた子に感謝を伝える
③ クラス全体で共有する

特に③の共有については次のような方法があります。

【スポットライト方式】

・「○○さん、立ってください。今日は○○さんがこの荷物を運んでくれました！みんなで拍手しましょう！」

↓良いことで注目されることの喜びを感じることができます。また、立っている人に向かって拍手を送ることで、クラス全体の雰囲気がとてもあたたかくなります。

【ヒントありクイズ方式】

・「荷物を運んでくれた優しい人がいました。誰でしょう？」

↓「荷物を運んでくれた」というところがヒントになっています。見ていた子がいたら、すぐに名前が挙がります。また、本人が「自分のことだ！」と気付くことができます。

【ヒントなしクイズ方式】

・「さっきとても嬉しかったことがありました。何だと思いますか？」

↓周りの人だけでなく本人も何のことか気付きにくくなり、教師が価値付けるつもりだったこととは別の良い行動について声が上がる可能性があります。こういったことはどんどん取り上げ、「プラスの行動」と価値付けていきます。

私はクラスで「プラスの行動」に続くことを「プラスに続く美しさ」と伝えています。一人だけが頑張るクラスでは、教師が何かを任せようとした時に負担が出てきます。誰かが動いた時に続いて協力できる子を増やしていくことで、より多くのことを任せられるようになるのです。

教師の声かけを手放す

私が1年生の担任をした時のことです。私は、小学校生活が初めての1年生が困らないように教えてあげなければと思い込んでいました。だから、初めのうちは、私が声かけをしていました。掃除の時間になると、私が「掃除の時間だよ。用意しましょう」と声かけしていました。これを4月のはじめ、日々繰り返していたのです。

ある時、1年生は入学する前に幼稚園の年長さんとして立派にリーダーを務めていた、という話を聞きました。そんな1年生を「言わなければできない」と思い込んでいたかもしれない…。そう気付いた私はある日、子どもたちを信じて声かけをやめました。するとある子が声を上げたのです。「みんな、掃除の時間だよ！」この時の声を「クラスの声かけ」と価値付けると、声を出す子は増えていきました。

私が勤務している学校では、全校で5分前行動を大切にしていました。1年生の子どもたちは、遊びに夢中でなかなか時計に気付きません。そんな中、私が「そろそろ5分前だよ」と声をかけてしまうことがありました。しかし、私がいつも声かけをしていては、子どもの成長にはつながらないのです。私は待ちました。するとたった一人でしたが、「5分前だよ！」と大きな声を出す子が現れました。私の本当の役目は声をかけることではなく、「この子たちはきっとできる」と信じて見守り、声かけを子どもに任せることだったのです。どうしても誰も言わない時には、お願いすることもあります。しかし、信じて待った先にたった一人でも声を出す子がいた時には全力で喜び、その子を称えます。信じて任せて良かったと。

02

問題の解決を成長のチャンスにする

学校生活では様々な問題が起きます。まずは教師自身がこれを「子どもの成長のチャンス」だと捉えることが大切です。そう捉えることで教師自身の成長にもつながります。教師は子どもと共に成長していくことができるのです。

さて、起きた問題についてですが、私がまだ教師になったばかりの頃は、とにかく自分が何とかしようとしていました。困っている子どもがいたら、どうしたらいいかアドバイスをしました。トラブルが起きたら、私が率先してそばに行き、話を聞いて解決に導こうとしていました。これらを繰り返すことで、子どもたちにとって「頼りになる存在」になれるかもしれません。しかし、子どもたちの成長にはつながりにくいです。本来なら子どもが自分で考える機会がたくさんあるはずなのに、私が前に出ることでその機会を減らしてしまっているからです。大切なことは、子どもたちが解決するために教師が一歩引くことです。

そのためには、子どもたちにはさっと解決する力があるはずと信じることが必要です。もちろん、解決するに至らないこともあるでしょう。結果だけを見ると、「やっぱり自分が解決すれば良かった」「子どもに任せなければ良かった」と後悔する思いが出てきてしまいます。そのような教師の反応に子どもの勇気はくじかれます。「挑戦しなければ良かった」と子どもが感じてしまっては、本当にもったいないことです。なぜなら、その挑戦自体に素晴らしい価値があるからです。

私は、**解決できなかったとしても解決しようとした過程に意味がある**と考えます。結果ではなく過程にフォーカスして子どもたちを見るのです。私たち教師が常に考えていきたいのは、何を一番大切にするか、何のためかということです。私が一番大切だと考えているのは、子どもの成長につながることです。子どもに解決を任せて、それが成長につながる可能性があるのであれば、覚悟をもって任せるのです。それは、子どもの成長を願う教師だからこその選択です。気持ちは前向きに、行動は一歩引くのです。

そこで、教えるという選択ではなく、「問いかける」という選択をします。「どうする？」「どうしたい？」と問いかけます。答えは子どもの中にあります。それを引き出すことが任せる第一歩となるでしょう。任せる時には「いつでも教師は味方だということ」「一番の応援者だということ」を子どもたちに伝えます。解決を任せるために私が大切にしているポイントは、次の３つです。

①　問題の解決は成長のチャンスと捉える
②　過程にフォーカスする
③　教えるのではなく、問いかける

このようなポイントを意識して解決を任せることで、子どもが成長を実感できます。

教師が教えることを手放す

コロナ禍になってから、教室に子どもが揃うということがどれほど尊いことかということを思い知りました。私が所属する学校では、運動会が秋に行われます。1年生担任だった私は、運動会の練習が始まり、大きな不安がありました。ダンスの全体練習が進んでいく中で、休んでいる子どものことがずっと気がかりだったのです。やっと学校に来た頃には、みんなが何をしているのかわからず困るのではないか。私が休み時間を使って教えなければ…。間に合うのか…。様々な思いがある中、休み時間にダンスを教え合っている子どもたちの姿が目に留まりました。私は教室で子どもたちに問いかけてみました。

T　休んでいる子は、その子はダンスの踊り方がわからないよね。どうしよう？
C　教える！
C　私もやりたい！

その日以降、休み時間には、休んでいた子につきっきりで教えてあげる姿が見られました。全体練習中にもそばにいた子が「こうするんだよ」と教えてあげていました。私の出番はない…、強く実感した瞬間でした。子どもたちに心から感謝を伝えました。

私が教えることを手放したことで、困っている子のために全力で行動できた子どもたちの姿を見ることができました。練習が遅れたことで不安そうだった子どもが、みんなに支えられて笑顔で踊れるようになりました。友達のために最後まで寄り添い、頑張った子どもたちのきらきらした笑顔は、何よりの成長の実感を物語っていました。

03

子どもの発想を大切にする

私は毎年、笑顔があふれるクラスにしたいという願いをもっています。では、子どもたちが笑顔にならない教室と笑顔になる教室の違いは何でしょうか。

経験上、子どもが笑顔にならないのは、私の考えを押し付けてしまっていた時でした。教師が「こうしよう！」と子どもたちに提示することが多いのです。反対に笑顔になる教室は、子どもの発想を大切にしています。子どもの発想を大切にするということは、子どもを人としてリスペクトすることでもあります。子どもの発想には、大人には思いつかないような素晴らしいものがたくさんあります。まさにクラス運営する上での宝です。

そのような宝を発掘するために大切なことがあります。それは**子どもに発想を任せる仕掛け**です。実際に私が任せたことは、掲示物の作成、ゲームのルール、会社活動、お誕生日会、運動会のダンスづくり等です。たとえば私は、教室に

「まちがいは宝」「ありがとう」等の前向きな成長につながる言葉を掲示しています。私が書いているうちは、文字だけでしたが、子どもに作成を任せると文字の色を変えたり、イラストを加えたりして工夫していました。掲示物への愛着が生まれていました。

ゲームのルールは、私が１年生の担任時によく行っていた「ペップじゃんけん」を例に説明します。「ペップじゃんけん、じゃんけんポン」の掛け声でじゃんけんをします。勝ったら「ありがとう」負けたら「おめでとう」と言います。このルールを話すと、「先生、あいこはどうするの？」と言う子が出てきました。「どうしたい？」と問いかけると、様々な発想が出てきて「ペップ」と言うことに決まりました。「ペップ」は「元気」という意味です。「あいこになっても元気になれる！」と嬉しそうに語る子どもたちの姿が印象的でした。このように一部が決まっていないことで、子どもが考える余白ができます。

会社活動は、発想するためにとても有効です。会社の名前を決めるところから発想するチャンスがありますし、５Ｗ１Ｈ（誰が・いつ・どこで・何を・なぜ・どのように）を自己決定できます。

お誕生日会は、計画から任せていくと協力して一生懸命考えてくれます。このとき、時間に余裕をもたせておくことは大切です。２週間ぐらいは計画や準備の時間が必要です。

運動会のダンスでは、学年によってどこまで任せるかの検討が必要です。例えば、私は1年生には最後の決めポーズをチームごとに考えてもらいました。4年生では、ダンスリーダーを決め、ダンスをつくるところから任せました。曲を何度も聴き、歌詞から動きをイメージしてつくります。練習の期間には、ダンスリーダーに全体指導を任せます。リーダーが全体の良い点や課題を見つけながら、より良いものにしてくれました。この、「自分たちでつくりあげた」子どもたちの達成感あふれる笑顔は私の一生の宝です。

子どもの発想はクラスを幸せにする

私が4年生の担任をした時のことです。私は「どんな人にもいいところがある」という思いをよく子どもたちに伝え、私自身、子どもたちにいいところを度々伝えていました。

ある日、手づくりのノートを私にくれた子がいました。そこには、クラス全員のいいところが書かれていました。30人以上いた友達のいいところをぎっしりと書いていました。最後のページには、私のいいところまで。このようなことをしようと思ったこと自体が本当に素晴らしいと感じました。読んでみると、内容から一人ひとりのことをよく見ているのがわかりました。例えば、クラスの中ではやんちゃタイプで誰かを泣かせてしまうこともしばしばあったＺくん。そんなＺくんについて次のように書かれていました。

「Ｚくんは、誰よりも人思いだと思います。いつも、怪我した子がいたら、すぐ駆けつけているので、私も見習いたいと思いました」

これを読んだ時、とても胸が熱くなりました。このノートをつくった子は、まさに「どんな人にもいいところがある」を体現していました。私は、ノートの内容をすべて、クラスのみんなに向けて声に出して読みました。その時のクラスの雰囲気は、本当にあたたかいものになりました。

このクラスでは、会社活動が活発でした。黒板会社は、クイズやみんなへのメッセージを書いて盛り上げてくれましたし、お誕生日会社は、計画から準備まで子どもたちで行い、みんなが楽しめるようにしてくれました。そのような会社活動の中でも、「ハッピー会社」という会社が印象的でした。一学期の終わりに「がんばった会」をすることになったのですが、クラス全員に向けて「がんばったで賞」をつくっていたのです。みんな違う内容で、私の分まで用意してくれており、とても感動したことを覚えています。

子どもたちの発想は、人を幸せにする力があるのです。私は教師として、これからも子どもたちの素晴らしい発想をリスペクトし続けていきたいです。

04
子どもたちがヒーローになれるようにする

クラス運営をしていると必ず「気になる子」が出てきます。私は、そういった子の存在がクラスの成長につながると考えています。この「気になる子」への働きかけを全て教師がしていてはどうでしょうか。例えば、授業中に問題が解けなくて困っている子のそばへ教師が行って教えるというような教師対子ども一人の関わりをすることで、教師にとって次のような困り感が出てきます。

・時間がかかり全体を見る余裕がなくなる
・気になる子にとって自己肯定感を下げることにつながる恐れがある
・気になる子と他の子どもとのつながりがなくなる

そこで、これらを解決するのが、「子どもが子どもを助ける」教室にすることです。そのために「困っている子はいませんか？」と言える子、「助けて！」と言える子を価値付けていくのです。子どもたちは初めのうちは教師を頼ります。

困っている時に助けてくれるヒーローは教師というバイアスが知らず知らずのうちにつくられているのでしょう。それをまずは変えていく必要があります。

子どもたちに「誰かが困った時に助けてくれるのは、このクラスの誰かだよ。そして、みんなが誰かのヒーローになれるんだよ」と話します。このようにして、「誰かのヒーローになる」という考えを大切にすることで、「助けるよ！」という声がたくさん出てきます。子どもに「気になる子」を任せることで、助ける子も助けられる子も成長するのです。

このように、子どもが「誰かのヒーローになる」ためにはステップがあります。

① 「自分ができた後、何ができる？」と問いかける
② 「助ける」「助けて」と言えた子を価値付ける
③ 自然に助け合う場が当たり前になる

問題を解き終わった子は、「先生、終わったけれどどうしたらいい？」と聞いてきます。この際、何か次の課題を示していればこういった声は出てきませんが、私が用意していないことが仕掛けです。用意していれば自分のことだけをしていれば済みます。しかし、私

は困っている子がいるかもしれないということに目を向けてほしかったのです。

そこで、①のように「何ができる？」と問いかけます。子どもは考えて、周りを見渡します。すると、自分は終わっているけれど、頭を抱えている子、鉛筆を持っているけれど手が止まっている子の存在に気付きます。「助ける」という言葉が出た時に私は必ず「ありがとう」と伝えます。それと同時にその子に「困っている人はいますか、って聞いてみてね」と伝えます。その子が「困っている人はいますか？」と聞いた際、反応がない場合もあります。そこで、教師から見て困っていそうな子に対し、「助けてって言ってみたら？」と伝えます。もちろん言えた時には「助けてって言えたね！」と承認します。これで、「助けて」「助ける」の関係ができます。

すると、助けられた子が他の子を助けにいくパターンが見られるようになります。人は助けてもらう経験を経て、誰かを助けようとするのかもしれません。ある人に受けた恩を返すことも素晴らしいことですが、こういった誰かに受けた恩を他の誰かに送ろうとする「恩送り」が起きることも素敵だと考えています。初めは、①を何度か繰り返しますが、徐々に②から始まることが増え、③になっていきます。③になれば、もう①のような声かけはなくとも子どもたちはヒーローとして立ち上がります。

「わからない」と示す勇気が出る

「わからない」を自分で示すことには、とても勇気が必要です。私は、困っている子が勇気を出して自分から困っていることを伝えたり、誰かに頼ったりできる教室にしたいと考えています。

1年生の算数授業をしていた時です。明らかにAくんは、困っていました。しかし、声を出すことはできませんでした。その時、問題を解いて立ち上がったBくんが「わからない人いますか？」と声を出しました。Aくんは反応しませんでした。

ところがBくんが「わからない人、手を挙げて！」と声を出した際、Aくんが手を挙げたのです。おそらく「手を挙げて」を言わなければ、Aくんは意思表示をすることができなかったかもしれません。ヒーローは、困っている人を助けるために、困っていることを示しやすい工夫をすることが大切だと気付かされました。BくんがAくんに寄り添って、一緒に考えている姿はとても微笑ましかったです。教室に「誰かを助けたい」という思いをもつ心優しいヒーローがいるから、「わからない」を示す勇気が出るのです。私はこれからも素敵なヒーローが育つ教室にしていきたいです。

05

子どもが子どもの居場所をつくる

私は、学校で子どもの居場所をつくるのは教師だと考えていました。しかし、今は少し変わりました。子どもの居場所をつくるのは、教師だけではないと気付いたのです。

私は、子どもの居場所をつくるにあたって、「ペップトーク」を大切にしています。ペップトークとは、アメリカのスポーツの世界で生まれた励ましの言葉かけです。

私が言葉に注目するようになったきっかけは、子どもたちともっとあたたかい関係を築くには何が大切なのかと悩んだ時期でした。ペップトークに出会って、子どもたちのことが大好きなら、「大好き」と伝える大切さを知りました。「大好き」という言葉はペップトークでいうと、存在を承認する言葉です。子どもたちはみんなかけがえのない存在です。承認は、態度や行動だけでも伝わることはもちろんあります。微笑みかける、握手する…そういったことでも伝わります。ただそこには想像力が必要になってくるのです。何を思ってしているのかということは言葉にすることで相手に明確に伝わるのではないでしょうか。子どもたちを大切に思っているということを「大好き」という言葉にすることで、態度や行動だけで伝えようとするより何倍にもなって伝わるのです。

そう実感するようになったのは、私がペップトークを学び、ようやく子どもたちに「大好き」と伝えることができるようになってきた頃のことでした。４年生の担任をしていた際に私が体調不良で早退した次の日、後ろの黒板に「大好き」の文字をたくさん書いてくれていました。お互いに「大好き」を伝えたくなる存在でいれる教室のあたたかさを実感した瞬間でした。

私は、このようなペップトークを大切にし、クラス運営に生かすために下の図のように考えています。教師や子どもがつくるペップトークを共通言語とした人的環境

のイメージです。主に次のような環境ができます。

① ペップトークを教室の中で共通言語とし、教師と子どもたちで循環させる
② 子どもたちがお互いにペップトークを使い、居心地の良い教室になる
③ 子どもたちのペップトークで「気になる子」にとっても居心地の良い教室になる

最大の支援者は〇〇〇だった

私が1年生の担任をした時のことです。Dくんは、1学期後半から学校に不安を感じ始め、お家の人と離れづらくなりました。毎朝、学校にお家の人と一緒に来ている間はおだやかな表情をしていますが、学校に着いていざ離れるとなると号泣しました。

私は、日々Dくんをペップトークで励ましました。「離れるのはつらいよね。でも、お家の人もがんばるからね。Dくんも頑張ろう！」しかし、お家の人と一緒にいたいという思いは強く、私の言葉はその場ではほとんど効果がありませんでした。時間をかけて少しずつ落ち着き、なんとか教室に入ることができる…、そんな毎日でした。

教室には30人以上の子どもがいます。Dくんだけを見ているわけにもいかず、もはや自分の力だけでは…と悩みました。このような時、誰に頼ればいいのでしょうか。お家の人は学校に残れません。他の教師、支援員の方、高学年の子ども…、頼れば助けてくれますが、毎日頼むのはなかなか難しいことです。

そんな中、ある日クラスの子たちが「Dくん、大丈夫だよ。一緒に入ろう！」と笑顔で語りかけたのです。すると、泣いていたDくんの顔が少し落ち着いたのがわかりました。ほんの数分でDくんは泣き止んで教室に入れたのです。私は、その時気付きました。**最大の支援者は「クラスの子どもたち」だったのです**。子どもたちはあたたかいペップトークを使い、Dくんのつらい気持ちを受け入れながら、笑顔で励ましていました。

これ以降、私は子どもたちを信じて任せました。子どもたちのおかげで、少しずつDくんは教室に入るまでにかかる時間が短くなっていきました。Dくんからは、「Eさん、Fくんがなぐさめてくれてうれしかったです」という声を聞くことができました。

クラス全員で、「教室にいる時の気持ち」を黒板に書いた時のことです。Dくんは「ともだちだいすき」と書きました。Dくんにとってあたたかい言葉をかけてくれる友達が何よりの人的環境であり、このメッセージはクラスのみんなへの最高のペップトークでした。

06

子どもが子どもの困りごとに寄り添う

初めて担任になった頃、子どもたちと一緒に外遊びをすることに力を入れていました。クラスには、Gくんという学校ではほとんど話さない子がいました。「仲間に入れて」と声を出す姿は見られず、私が「一緒にやろうよ」と誘って、輪の中に入ることができるようにしていました。

しかし、Gくんに外遊びの誘いをしなかったある日、Gくんが走ってきて「おれも入れて」と言ったのです。それ以来、Gくんは、私が誘うことなく、自然と遊べるようになっていきました。当時の私は、何でも私がしなければと考えていましたが、私が誘わなくても子どもたちとGくんはつながることができたはずなのです。そのような反省を踏まえて、気になる子を任せるために私が大切にしていることがあります。

それは、**気になる子がどんな困りごとをもっているのかを子どもたちと共通理解すること**です。そのようにすれば、その子のために子どもたちが動きだすことができます。わからないままでは、動くことは難しいです。わかるから、その子のために何かできるかもしれないと考え始めるのです。

【気になる子を任せるステップ】
① 気になる子の困りごとを子どもたちと共通理解する
② どんな関わりがあればその子のためになるのかを考える
③ 解決方法を子どもたちが考え、その子に寄り添う

このようなステップを大切にすれば、どんな方法でも気になる子を任せることができますが、私がおすすめするのは「クラス会議」です。クラス会議とは、子ども全員でクラスの問題を話し合い、解決策を考える会議です。本書の編著者である深見太一先生は、クラス会議の最大の魅力として、「子ども同士でつながれて、子どもの力で問題を解決できること」と言っています。なぜクラス会議をして、つながることができるのか…、理由は様々あるとは思いますが、私は特に「寄り添う」ということが大きいのではないかと考えています。

寄り添うことに大きな意味がある

過去に担任した2年生のHくんは、学校ではほとんど話さない子でした。私が話しかけても、返事はなく、手を使って「どっちかな?」と意思を確認することもできたり、できなかったりで、Hくんのためにどうしたらいいのか悩みました。

そんな中、クラス会議を知り、特に注目したのが、個人の悩みに寄り添えるというところです。それまでの学級会とは異なり、子どもたちが個人の悩みに寄り添うことで、Hくんとのつながりをつくることができるのではないかと考えました。子どもたちと相談し、学級で大切にしていた「スマイル」という言葉から、スマイル会議と名付けて始めました。

議題箱を用意し、話し合いたいことを募集しました。Hくんは、「5年生のところに九九を言いに行けない」という議題を出してくれました。当時の勤務校では、2年生と5年生がペア学年として交流していました。その中で、2年生が5年生に九九を聞いてもらうという取り組みをしました。意欲的な子どもも多い取り組みでしたが、Hくんにとっては九九を言う以前に、5年生のところに行くこと自体が大きなハードルだったのです。

私としては、よくぞ議題にしてくれたという思いでした。もし、このまま議題という形で取り上げなければ、不安を抱えたまま過ごすことになっていたからです。Hくんの議題について、みんなで解決策を話し合いました。様々な意見が出ましたが、一番大事なのはHくんがどうしたいかということです。最終的にHくんが選んだのは、「案内する」という意見でした。Hくんが一人で行くことが不安だと考え、誰かが付き添っていけばいいのではないかという考えでした。休み時間になり、Jくんが「僕が案内する！」と言って5年生の所へHくんを連れて行ってくれました。無事、Hくんは九九を言えたようで、二人とも笑顔で戻ってきました。

個人の悩みというのは、本当に当人にしかわからないものがあります。他人から見れば、小さなことでも、本人にはとてつもなく大きなことかもしれません。そんな悩みにクラスの子どもたちがまるで自分のことのように寄り添うことにとても大きな意味があるのです。課題が解決されたことももちろんですが、**大切なことは寄り添ったことそのものです**。解決できなかったとしたら、それは別の方法をみんなで考えるチャンスです。そのような時間があることで、クラスが心地良い空気に包まれます。このようにクラスの一人を大切にし、寄り添うということを子どもたちに任せることで、笑顔のあるあたたかいつながりをつくることができるのです。

07

理解することが
あたたかい教室をつくる

文部科学省の調査で、発達障害の可能性がある児童生徒は小中学校に8・8%いると推計されました。そのような子どものことをしっかりと理解し、支援することはとても大切ですが、難しいこともあります。

例えば、体育の時間に帽子をどうしても被らない子がいたとします。ただ被りたくないだけなのか、感覚過敏なのか…。もし感覚過敏だとしたら、その子にとっては教師が想像している以上に辛いことです。他の子も被っているのだからという理由だけで強制できることではないのです。

目が見えにくい子どもが眼鏡をかけることを認められている世の中ですが、これに対して「ズルい」というような声が出ないのは、共通理解があるからです。様々な子どもたちの個性を大切にするためには、教師だけではなく、子どもたちと理解をともにすることが必要なのです。

理解できなくても理解しようとすることから

私が担任した1年生のＫくんは特性が強く、こだわりのある言動から私が理解できないことがたくさんありました。ある日、私が理解できていないことが原因で、「もう学校に行かない」ということを言っていたと知り、深く反省しました。幸い、その後も彼は学校に来てくれましたが、私はこれをきっかけに「この子のことをもっと理解しよう」と決心しました。

それから、私は彼をもっと理解できるように支援に関する書籍を読み、資格の勉強を始めました。もちろん、いくら勉強しても、学んだことがそのまま当てはまるわけではありません。ただ、これまでは見える部分だけで判断しがちだったものが、彼に問いかけ、答えが返ってこなくても、「もしかしたらこういうことかな？」と、自分自身に問いかけられるようになりました。わからないことは他の教師や保護者の方にも相談するようにしました。彼の特性を学級の子どもたちとも共通理解するようにしました。私自身がまず、理解できなくても理解しようとすることで、私の言葉かけが大きく変わりました。よくわからない言動でも、笑顔で受け止めることができるようになりました。

しばらくすると、Ｋくんは「先生、好き」と言ってくれるようになりました。Ｋくんは、運動会の練習をずっと嫌がっていましたが、友達の力もあって何とか参加し、本番も見事にやり抜くことができました。この時のＫくんの姿を関係する先生方や保護者の方と一緒に心から喜びました。

子どもたちのあたたかい理解

運動会を経て、私自身、Ｋくんの成長を感じていました。しかし、Ｋくんのこだわりが強く表れる言動がなくなったわけではなく、時に周りの子どもたちが困ることがありました。そんなＫくんに対して、子どもたちはやめてほしいことがあれば優しく教えていました。そのような子どもたちの姿を見守りながら、私はＫくんをあたたかい目で見ることを心掛けました。

ある日、Ｋくんが他の子どもたちがつくった物に落書きをしてしまいました。時間をかけて一生懸命つくった子どもたちの気持ちを想像すると、これは許せないかも…、そう感じました。私がＫくんの想いを代弁し、説明すればきっと子どもたちはわかってくれます。しかし、それが、子どもたちにとって大人が背負わせた我慢であってはいけないと考えました。まずは子どもたちの素直な気持ちを受け入れようと覚悟して聞いてみました。

「Kくんのしたこと、怒ってないの？」「わざとじゃないし、嫌がらせでしたわけじゃないから」「Kくんは絵を描くのが好きだからやってしまったんだよ」「描かれちゃったのは嫌だけど、Kくんが描きそうなところに置いていたし…」

子どもたちの言葉を聞いていると、Kくんを責めるものは一つもありませんでした。**私が思っていた以上にKくんへのあたたかい理解があった**のです。完璧に理解できなくても、その一歩がKくんへの理解ある言葉となったのでしょう。

またKくんは、行事の際などにどうしてもクラスの列に並べない子でした。クラスの子どもたちはそのことも理解してくれていました。最後の修了式に向けて、子どもたちが自分達で並んでいた時のことです。Kくんがトイレから戻ってきました。Mさんが笑顔でさっとKくんと手をつないで、自分の近くに並べるようにしてくれました。Kくんもそれを受け入れ、他のみんなも見守っていました。子どもたちがKくんという存在を心から理解しようとし、受け入れた先に見せる姿…このような姿が日々あることで、あたたかい教室になっていくのです。

08 関係性を温めることで任せる

４月最初の段階では、子ども同士はつながっていません。もちろん先生とも関係は希薄です。もともと仲の良かった子同士はいますが、学級全体としてのつながりはとても弱いです。言ってみれば、氷と氷の状態です。お互い別の個体なので相容れることはありません。時にはぶつかり合うこともあるでしょう。氷を温めて溶かしていくことから始めます。

　まずは思いっきり笑わせます。先生がふざけてもいいですし、子どもが笑わせてくれるクラスも素敵です。アイスブレイクをたくさん取り入れていきます。アイスブレイクの中には笑いが起こるものがたくさんあります。**楽しい気持ちの中で、徐々に心の氷を溶かしていくこと**。これが大切です。最初は心理的ハードルの低いものから取り組んでいきましょう。少ない人数でやれるもの、全体の前で失敗することのないものを選ぶ基準にしてください。

アイスブレイクの効能

私は４月５月にたくさんのアイスブレイクを行います。その裏側には以下の意味や理由があります。

・楽しい雰囲気をつくれる
・教室を温めることができる
・ルールを守ることで勝つことを知る
・子どもの動きを観察できる

アイスブレイクでは自然と笑いがこみ上げます。笑いには人を温める働きがあり、関係が円滑になります。これまで小学校教員としてたくさんの教室を見てきましたが、あたたかい笑いのある教室は、とても安定しています。この安定感は、子どもたちにいろんなことを任せるための土台となります。ゲームやワークをしながら、体感で関係性を向上させていくこと。冷え切った関係ではなくあたたかい関係をどんどん紡いでいけるようにします。

おすすめのアイスブレイクを１つご紹介します。

■先生ものまね

T　今日はゲームをするよ。みなさんには、鏡になってもらいます。

T　先生がした動きと一緒の動きをまねしてみてね。右手を挙げて。

C　（右手を挙げる）

T　頭をかいて。

C　（頭をポリポリかく）

始める前に、クラスの中で元気の良い子を前に出して見本をしてもらうと良いです。言葉だけの説明ではなく、実際にこうやると良いとわかることで安心して取り組むことができます。先生の動きも、最初は右手を挙げる・ジャンプする・イスに座るといった簡単なものから始めます。徐々に、ウインクする・口をたこのような形にする・両手を頭の上に置いておさるのポーズといったふざける感じにしていきます。

もちろん最初からふざけることができない子もいるのでそこは認めていきましょう。まずは安心・安全な空間をつくることに重きを置いてください。

関係づくりは遊びから

子どもにいろいろなことを任せようとしてもうまくいかない。それはチームが出来上がっていないからかもしれません。ある程度の関係性や信頼感がベースにあるからこそ、任せることが可能になります。関係性がない中で、いきなり「任せます」としても大体うまくいきません。だからこそ、最初は関係性の構築に重きを置きます。

心理的安全性という言葉が最近注目されるようになりました。Googleがうまくいっているチームの共通点を調査したところ、そこには心理的安全性があるということがわかりました。それは、学級でも同じことが言えます。学級開きや夏休み明けの不安定な時期に、まず土台となる心理的安全性を確保していく。そのためにアイスブレイクは大きな効果をもたらします。

もう一つ、アイスブレイクには大きな意味があります。それはポジティブな雰囲気の中でルールが定着していくことです。最初の説明や途中のルールをきちんと聞いていないとゲームを楽しめません。だからこそ、しっかりと人の話を聞き、ルールを守るという空気が、ポジティブな雰囲気の中で育成されていくのです。

09

アイスブレイクを任せる

夏休みまでの間にたくさんのアイスブレイクを行います。短い時間でできるものから、時間を長めにとって行うものまで。メンバーも一人で行うものもあれば、チームで協力していくものもあります。いきなり全員の前で失敗する心理的ハードルの高いものは避け、徐々にコンフォートゾーンを広げるイメージをもちながら進めていきます。

コンフォートゾーンとは、人が安心・安全を感じるエリアのことです。いつも一緒にいる仲間であれば緊張せずに話せます。ご飯を食べる店も馴染みの場所であれば、味も雰囲気も料金もわかっているので安心できます。

子ども同士でも、固定化されたコンフォートゾーンを少しずつ広げるためにアイスブレイクを行います。

最初は先生主導で行いますが、夏休み明けごろから徐々に子どもに任せていきます。5分間でできるゲームを考えてきてねとか、全員が笑えるゲームを見つけてね、といった具合に、こちらからお願いをして、一定の時間子どもに任せていきます。もちろん最初からうまくいくことはないので、最初はサポートをして、説明の仕方やグループ分けなどは相談に乗ります。レクについての本を教室にたくさん置いておくことで、その中から選ぶこともできます。

アイスブレイクをなぜ子どもに任せるのか。それは**一緒に教室をつくっていくメンバーであると感じてもらうため**です。先生1人でクラスをつくっていくのではなく、子どもたち自身がクラスをつくっていくオーナーシップを感じてもらうためです。

オーナーシップがあると、自分たちの教室は自分たちでよくしていくものだと考えます。

つまり、教室の中で起こることが自分事になっていくのです。良いことも悪いことも自分事になっていくので、責任を引き受けることができます。他責ではなく自責の子が育つのです。

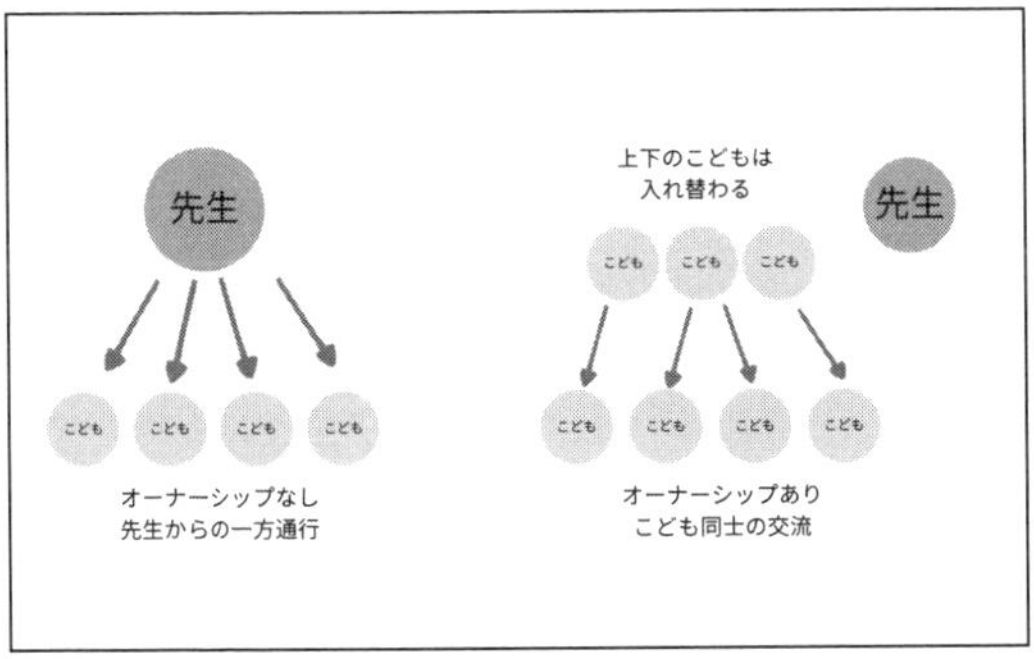

アイスブレイクの任せかた

T　明日の帰りの会でゲームをやってくれる子はいますか？
C　やりたい！
T　では○○君と○○さんたち４人にお願いします。
時間は３分で、みんなが笑顔になるゲームを考えてきてください。
困ったら相談にのるので、いつでも先生のところにきてくださいね。
C　わかりました。

このような流れで、その後の休み時間で子どもたちは話し合い、先生は遠目に見ながら様子を確認するだけです。もちろん、困っていたり揉めていたりしたら軽く声をかけます。うまくいかないことも経験だと考えると良いでしょう。

■子ども主導で行うアイスブレイク（絵しりとり）

教室では実際にこのように進んでいきます。

C　今から絵しりとりをします。一人ずつ黒板に絵を描いてしりとりをしていきます。その時に声を出してはだめです。

C　机の列がグループになります。

C　先頭の人からスタートして、チョークをバトンのように回します。最初のお題はグループごとで違います。

C　列の最後の人は、しりとりで描かれた絵がなんだったのかを答えてもらいます。まずは見本で僕たちがやります。

（4人で絵を描きながらしりとりを黒板でする。描き終わったら、最後の人がなにを描いたのかを当てる）

できるだけシンプルに説明をすること・見本を見せること・みんなが楽しめることができればOKとします。

10
頭ではなく
ハートに訴えかける

一緒の学校に勤めた先生で、子どもたちの心を掴むのが上手な先生が今まで何人かいました。よく観察をするのですが、一番の特徴は頭ではなくハートに訴えかけるということです。理論的な説明よりも、心を動かされる語りをします。例えばマラソン大会の直前。担任している子たちを前に「ここにスタートラインがあります。１５００ｍ走って戻ってきます。みんなの持っている全力を置いてきてください」と伝えていました。たったそれだけの一言ですが、子どもたちの目には火が灯っているのを確かに感じました。

人の行動は、数値や分析ではなく感情（エモーション）によっても大きく左右されます。例えば夕食を決めるときに、「この栄養素が足りないから」と献立を決めるのではなく、「食べたい！」という気持ちで決めているのではないでしょうか。

人間の脳は、感情をつかさどる部分から発達し、最後に理性をつかさどる部分が発達したのです。つまり、感情が先、理性は後なのです。

感覚的にこの先生いいなと思ってもらうために

まずは子どもの前に立つときに口角を意識的に上げます。口角の下がっている人は、上がっている人よりも不快な感覚を与えます。アメリカのデポー大学の研究では、卒業アルバムに笑顔で映っていた人とそうでない人の離婚率の差は五倍もあったそうです。つまり、意識して口角を上げることがもたらす効果はそれだけ大きいということです。

「笑顔は1ドルの元手もいらないが、100万ドルの価値を生み出してくれる」

と、あの『人を動かす』（創元社）で有名なアメリカのデール・カーネギーは言っています。つまり笑顔で教壇の前に立つことで、30人の子どもたちに毎日笑顔の贈り物をしていると言えるのです。それだけじゃなく、ミラーリングといい、親密な相手とは目の前の人の真似をするという心理的効果も期待できます。笑顔を意識して使いこなすことで、日本中に笑顔を増やすこともできるのです。それだけ先生の果たす役割は大きいのです。

■爆笑必至のアイスブレイク

T　鉛筆一本出してね。鼻の下に上唇ではさんでね。

（実際に先生が見本を見せる）

C　えー恥ずかしい！

T　まずは練習です。鉛筆を落としたら負けね。よーい、ドン。

C　（少しずつ鼻の下に鉛筆をはさんでいく）

T　隣の友だちの顔を見てみて。

C　（爆笑しながら何人か鉛筆を落とす）

T　鉛筆が残っている子が勝ちね！　では本番いくよ。今度は立ちます。鉛筆を落とした子は座ってね。隣の子に面白い顔をして笑わせてもいいよ。

これをすると、とても簡単に子どもたちが爆笑します。慣れてきたら先生が変顔をしたり、クラスの面白い子に前に出て、おもしろダンスをしてもらったりしてもいいです。笑うことで心を緩ませることができます。心が緩むと人の話もスッと入りやすくなります。

心理的安全性と目的意識を同時に高める

アイスブレイクには心理的安全性を高める効果と同時に、グループで勝つという目的意識の向上も見込めます。下の図をご覧ください。心理的安全性が低く、目的意識も低いと無気力な教室になります。心理的安全性だけ高くても、安楽というゆるいだけの教室になります。反対に心理的安全性が低い中で、目的意識だけ高いと緊張感のあるストレスフルな教室になります。

やはり目指すべきは右上の学習ゾーンです。チームとなって自ら目標設定することができ、チャレンジをしながら成長と学びがある教室になります。

アイスブレイクを子どもに任せることで、学習ゾーンへ子どもを導き、成長と学びのある教室にしていくことができるのです。

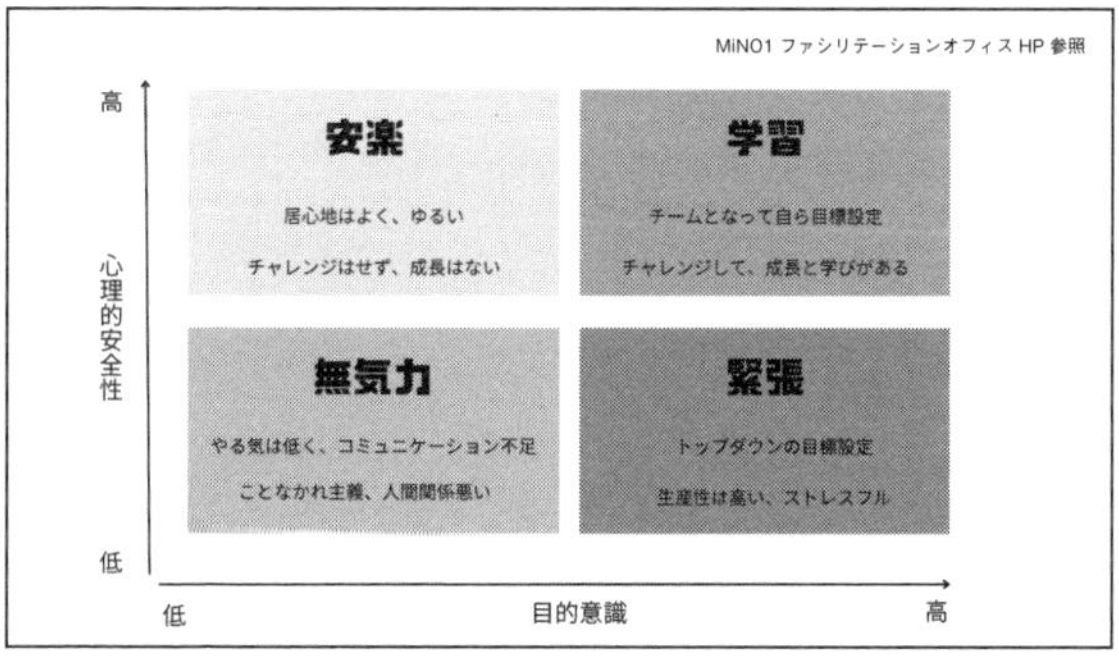

MiNO1 ファシリテーションオフィス HP 参照

第2章

学級システムの運営を「任せる」

01〜09 佐橋慶彦
10 深見太一

01

配布・返却を任せる

学級のシステムの運営を子どもたちに任せるというと、なんだか学級の根幹を子どもたちに丸投げしてしまうようなイメージを持ってしまうかもしれません。確かに、教室の危機管理や、成績管理、一人ひとりの状態の把握など教師が責任をもって運営しなければいけない仕組みは学級の中にたくさんあります。しかし、それ以外に教師が行わなくても良いような学級システムもたくさんあります。この章で提案する「学級のシステム運営を子どもたちに任せる」ということは、そのように教師が行わなくてもよいようなシステム運営を子どもたちに任せて、一緒に学級を創り上げていくことを指します。

初めから多くのことを任せるわけではありません。それでは、子どもたちも混乱してしまいます。はじめは、簡単なことから任せて「自分たちでクラスを進めていけるんだ」という手応えをもってもらうことを大切にしています。

第一歩にぴったりのプリント配布

私が最初に任せるのはプリントの配布です。重要な案内は自分で配るようにしていますが、重要度の高くない学級のたよりや、チラシなどは子どもたちに任せます。たくさんある配りものを子どもたちに任せると、その間に他のことを進めていくことができるのでとても助かります。また、子どもたちも前に出てプリントの枚数を数えながら配るあの動作に、憧れがあるようで喜んで配布してくれます。ポイントは、毎回、

「誰か配ってくれる人ー？」と尋ねて、挙手した人の中から指名してお願いする

ことです。こうするよりもきっと、置き場をつくって気付いた人が配るシステムにした方がスムーズに進むかもしれません。しかし、そうすると最初に気付いた「よく気付く子」だけがプリント配布を行うことになります。それでは、自分たちで学級をよりよくしていこうという意欲を高めることができません。この簡単な仕事を、できるだけ多くの子どもたちに任せ「自分たちのことは自分たちで進めていこう」という感覚を広げていきたいの

です。挙手を募れば、こちらが指名できますから、たくさんの子どもたちにお願いすることができます。また、たくさんの手が挙がると「みんなが進んで仕事を行っている」というイメージをもつことができます。実際に、教室でプリントを手に取った瞬間にたくさんの子どもたちがババッと手を挙げてくれます。特に、じっとしていることが苦手な子どもたちにはこの許された離席がお気に入りのようです。中には「○○ばっかり配ってずるい」「先生、私一週間何も配っていません」という子もいるほどです。ただプリントを配るだけですが、この仕事が学級を自分たちで進めていくエネルギーの象徴となっています。

子どもたちに任せるというと聞こえがいいですが、気を付けないと一部の子どもたちだけに負担を負わせてしまっている場合があります。また、逆に一部の仕事を任せられる子と、任せられない子の間で格差が生まれてしまうというケースもあります。子どもたちに学級のシステム管理を任せていく上で大切なのは、そうした**分断をなくし、学級のみんながクラスのために動き出す状況をつくること**です。

列ごとの返却システム

また、提出物の返却を子どもたちに任せていきます。忘れっぽい私は、宿題を返し忘れることが多々あるので、子どもたちが返却をしてくれると大変助かります。とはいっても、誰かにその仕事を代替わりさせてはいけないので、ここでも、一人に任せない仕組みをつくることを大切にしています。

私の学級では、下の写真のようなファイルケースを用意し、列ごとに提出物を入れてもらっています。丸つけを済ませたものから縦向きしていく約束になっているので子どもたちは自分でそれを持っていきます。自分のだけを持っていけば構わないのですが、多くの子どもたちが自分の列のものをまとめて持っていってくれます。

すると、毎日それぞれの列に、ちょっとした気遣いと感謝の気持ちが生まれます。このような小さなことでも、学級のシステム運営を子どもたちに任せていくと、教師の負担が軽減されるだけでなく、こうした利他行動が学級内に増加していきます。

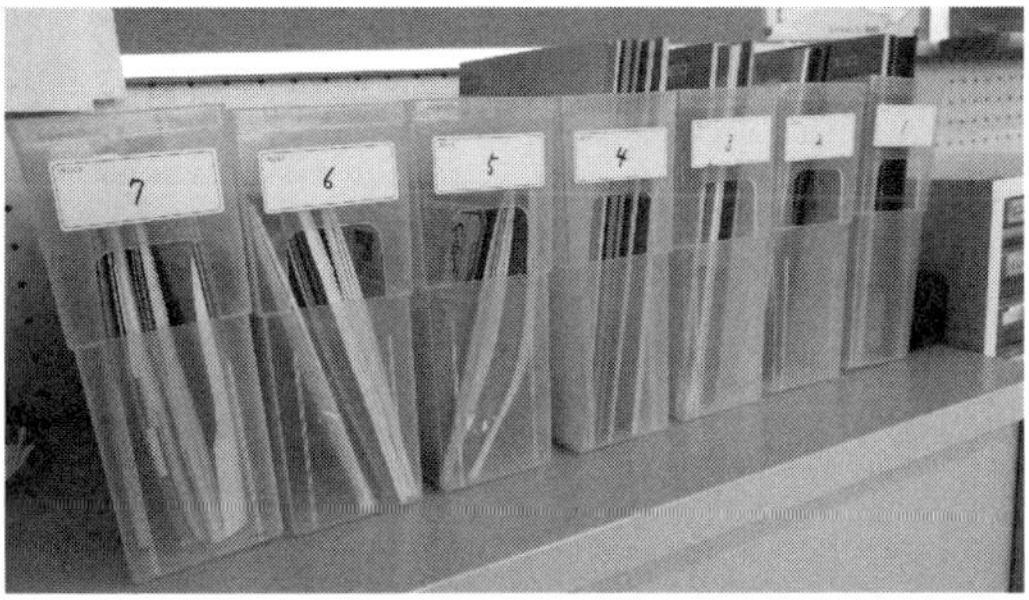

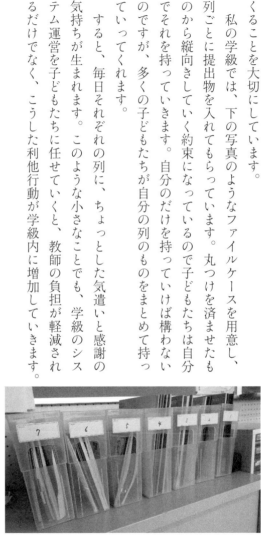

02

掲示物の更新を任せる

もう一つ、気軽に任せることができるのが掲示物の更新です。どの学級にもおそらく、掃除当番表や、給食当番表など、一定の期間が過ぎたら回したり、動かしたりしなければいけない掲示物があるのではないかと思います。私のクラスでも、週の初めに給食当番表と、掃除当番表を回します。ほんの数秒あればできてしまう簡単な仕事なので、教師が忘れずに毎週回せばいいだけの話なのですが、それだけ簡単な仕事であれば、子どもたちにも心配なく任せることができます。特に、低学年の子どもたちに最初に任せる仕事にはぴったりではないでしょうか。

このような簡単な仕事は、「余白」として残すことを大切にしています。教師が行ったり、当番を決めたりするのではなく、誰かがしなければいけない状態にしておくのです。誰がしてもいいけど、誰かがやらないと学級が回らない仕事を残しておくことで、子どもが自主的に動き出します。

実際のやりとり

学級開きから間もないころに、こんなやりとりがありました。

C　先生、掃除当番表まだ回ってないよ。しっかりしないと。
T　あぁごめん、ごめん。気付いてくれたんだね、ありがとう、よろしく。
C　えっ、先生の仕事でしょ？
T　無理無理。一人じゃ絶対に忘れる。助かるよー。
C　でも、みんなに絶対なんか言われるから。
T　大丈夫。気付いて動いてくれたことに、文句は言わないよ。みんなからも文句が出ないようにする。それは約束するよ。

C　それから、自分が忘れるかもしれないし。
T　その時は、また誰かが回してくれるよ。
C　でもさ、俺が回した後で、違う誰かが回したらずれない？
T　そうしたら、その時は話し合って確認すれば良い。

冗談のようなやりとりですが、大切にしているポイントがあります。それは**失敗を保障することと**です。当番表が回っていないことに一番に気が付いたことからも、この子どもが、様々なことによく気付く力と、行動力をもっていることが分かります。しかし、きっとそのことで注意されたことがあるのでしょう。自分で考えて行動することにかなりの不安を感じています。

確かに、「指示をしていないのに勝手に○○をする」という不満を耳にすることがあります。教室にはたくさんの子どもたちがいますから、勝手な動きをされて困る気持ちはとてもよくわかります。一方で、「一個一個言わないと動けない」という話もよく耳にします。こちらも、全員に一つひとつ指示を出していては、きりがないのでとても共感できる不満です。

しかし、子どもたちからしてみたらどうでしょうか。勝手に動くと先生が嫌な顔をするのがわかっているのであれば、指示を待つほかありません。この**指示待ち問題を、教師の反応がつくってしまっている場合がある**のです。指示せず子どもたちに任せるのであれば、そこで起こった失敗やトラブルを受け入れる姿勢を見せなければなりません。「任せるのなら、文句を言わない」ことを鉄則に、うまくいっても、いかなくても、感謝の気持ちを伝えるようにしています。

また、先生だけでなく、仲間から責められることがないように保障することも大切です。先ほどの子どもも、忘れてしまったら、同じような人がいてシステムがおかしくなってしまったらと、複数の心配をしていました。みんなに責められることに強い不安があったのでしょう。特に高学年では、このような仲間にどう見られるかという心配から自主的な行動が制限されることがあります。良心から動いたことは責めない、何か問題が起きても話し合って解決すれば良いといった価値観をこうした機会に全体で共有しておけると良いでしょう。

失敗が保障されると、子どもたちは一気に輝き出します。過去には下のような当番ルーレットを自作してきた子どももいました。失敗の許容が、こうした自由な発想につながったのだと思います。

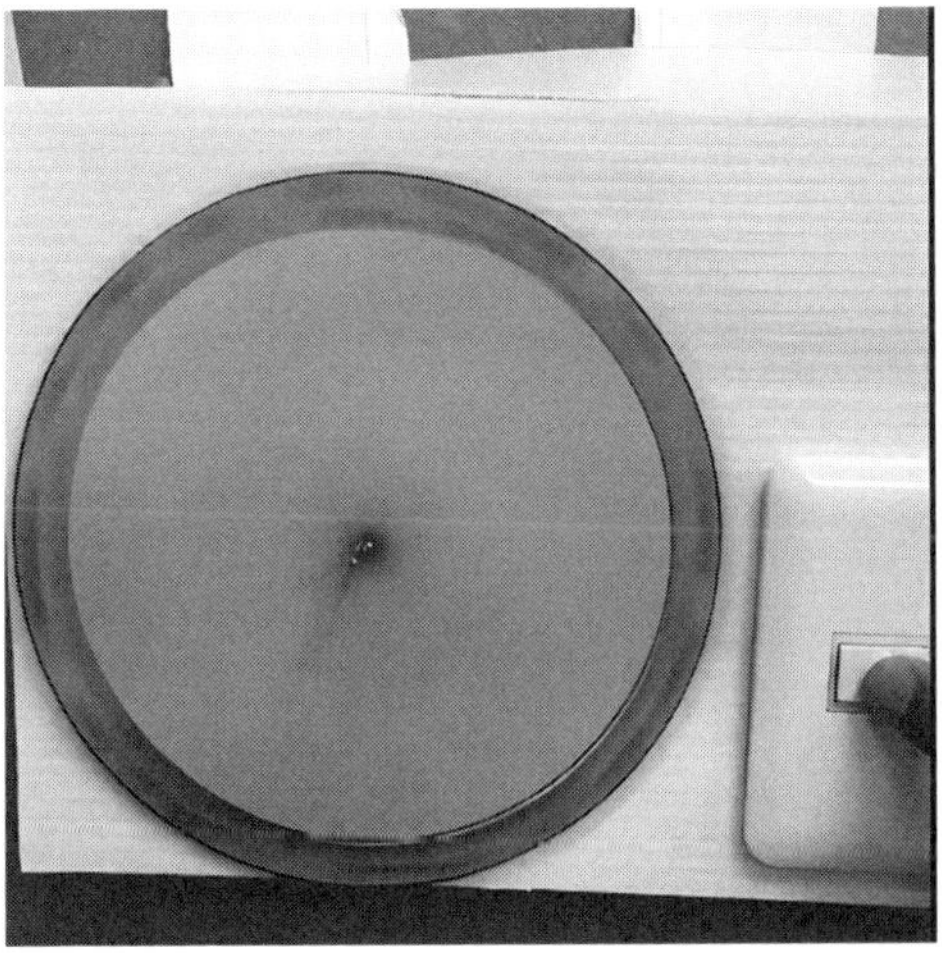

03

朝の会・帰りの会を任せる

朝の会や、帰りの会はほとんどの学級で行われている取り組みです。一日のはじまりの挨拶をしたり、朝のスピーチをしたり。細かな違いはあっても、日直が前に立って、自分達で行うという点は同じなのはないでしょうか。この朝の会、帰りの会は、子どもたちに任せる代表的な学級システムということができます。

しかし、その任せ具合には開きがあります。中には、ざわつく教室を先生が落ち着かせた後で「日直さんお願い」と指示をすると、しぶしぶ前に出てきて台本を読み出す、となってしまう場合もあります。これでは、とても任せているとはいえません。朝の会や帰りの会を子どもたちに任せるのには、大切なポイントがあります。

それは、**仲間の声に耳を傾けることのできる学級になっているか**ということです。みんなが話を聞こうとしてないのに、朝の会や帰りの会を進めていくことは不可能です。

先生の到着を待つしかありません。リーダーシップが弱い、自分たちから動けないと言われる学年、学級には、こうした自分から動きたくても動けない状況になっていることがとても多いです。子どもたちに「任せる」ためには、主体的に動くことで成功体験を得られるような環境を整えておく必要があります。

初めに伝えておくこと

そこで、朝の会や帰りの会を子どもたちに任せ始める前にこんな話をします。

> 明日から、朝の会や帰りの会を日直の人に任せたいと思います。今までのクラスでもやったことがあるかもしれません。中には、みんなの前に立つことが嫌だなぁと思っている人もいるでしょう。でも、誰かの前に立って、話を聞いてもらったり、共感してもらえたりすると、とても温かな気持ちになります。みんなにもその嬉しさを知ってほしいなと思います。もちろんうまくいかなくてもかまいません。少しずつ経験していくうちに、だんだん慣れて、できるようになっていきます。

まずは、人前に立つことが苦手な子どもたちに共感を示し、そのハードルを下げることを目指します。また、どうしてみんなにお願いしたいのかということを丁寧に伝えます。そして、次のように続けます。

でも、そうやって一人ひとりが力を付けていくためには、全員の協力が必要です。ここに立つ人は、みんなを仕切るプロではありません。みんなと同じ○才です。だから、上手く話せるとは限りません。みんなが前に立つ人の気持ちを考えて聞けば、また次も頑張ってみようと思えるでしょう。逆に、好き勝手なことをしていたら、「話すのが嫌い」「人の前に立ちたくない」と思ってしまいます。だから、この中の誰かが前に立つときには、協力する姿勢をもってほしいんです。

日直や、代表委員など前に立つ人に対して、非協力的だったり、「早くして」「聞こえません」と投げ捨てるような言葉をはく姿を目にしたりすることがあります。この前に立つ人に対して、お客さんになってしまう関係にアプローチしていきます。

朝の会、帰りの会ひとつに、少し大げさかもしれません。しかし、ここで仲間が前に立つときにどうしてほしいかということを話しておくと、今後係がイベントを計画する時や、話し合いで司会が前に立つときにも協力的な姿勢をとってくれます。任せる学級システムの第一歩だからこそ、丁寧な環境整備を心がけます。

いつまでも台本を読ませない

こうして、前に立つことが苦手な子どもたちも段々と自然に朝の会、帰りの会ができるようになってきたら、今度は司会台本をアップデートしていきます。初めはわかりやすくどんな言葉を話せばいいかを明記しておくと良いかもしれませんが、いつまでもそれを読ませていては進歩がありません。

そこで「1朝の挨拶　2朝のスピーチ」のように、題目だけ書いておいて、その途中途中の言葉は子どもたちに任せるようにしていきます。また「今日嬉しかったこと、楽しかったこと、明日忘れてはいけないものなどを選んで話す」のようにあえて曖昧な表記にしておくことで、子どもたちの考える余白を残しておくというような手もあります。当たり前のことだからと任せっきりにするのではなく、子どもたちの成長につなげることを大切にしていきたいです。

04

道具の管理を任せる

みなさんの教室にはどんな道具が保管されていますか。カラーマジックや、白紙、折り紙や、色鉛筆。ちょっとした道具が教室に置いてあると、工作や係活動の時に活躍してくれます。そう思って、様々な道具を私も用意しているのですが、実はこの道具の管理があまり得意ではありません。

「先生、ありがとうございました」お礼とともに貸していたマジックが返ってきます。そのマジックをしまおうと思っているうちに、次の子どもがやってきて、「先生、白い紙を一枚ください」と言います。他にも白紙を使う子がいるかな、と白紙を机の上に置くと、今度は「先生、のりを忘れました」という子が待っています。こうして「何でも屋さん」をしているうちに、あっという間に一時間が経過。ろくなアドバイスも送れないままに、机の上だけがぐちゃぐちゃになってしまっていて…。

思い切って子どもたちに

そんな失敗が続いたことから、思い切って道具の管理を子どもたちに任せてみることにしました。といっても、道具をしまっておけるようなちょっとした棚を教室の一角に設置するだけです。私はありがたいことに、学校に余っていた大きな棚をもらえたのですが、ちょっとしたファイルボックスがあるだけで効果があるはずです。これで「先生、〇〇を貸してください」という子どもに「あそこにあるよ」というだけで済むようになります。

もちろん、置き場さえつくればうまくいくわけではありません。お気付きの方も多いと思いますが、これをするとたちまち、棚の中がぐちゃぐちゃになります。道具をきれいに戻せる子と、そうでない子がいるからです。おそらく、道具の管理を子どもたちに任せたくないのは、こういった問題が起こることが予想できるからではないでしょうか。

しかし、この**棚の中がぐちゃぐちゃになってしまうという問題は、「自分たちのものは、自分たちで大切にしていく」学級に成長できるチャンス**でもあります。学級会やクラス会議でどうすればみんなで棚をきれいに使えるのかということを話し合ってみたり、係の子どもと一緒に、ポスターを制作してみたり。先生から「最近、気になっていることがあって」と切り出してみるのも良いでしょう。それでも上手くいかない時は、掃除当番の仕事の一つに、棚の整頓をいれておくという手もあります。きれいな状態が毎日キープされますし、学級の全員が整頓に協力することになるので、学年や学級の実態によってはこちらもおすすめです。整頓の問題だけでなく、無駄遣いが多い、遊びに使ってしまっている人がいる、などの問題も同じようにみんなで考えられるようにします。学級システムの管理を任せていくことは、単に先生の負担を減らしていくだけでなく、こうして子どもたちの主体性を高めていくことに、大きな目的があります。

実際に子どもたちに管理を任せている道具の中で、便利なものを2つ紹介したいと思います。まずはホワイトボードです。班活動や、係活動での話し合いの中でメモが必要になった時に、子どもたちが自由に持っていきます。落書きをしたり、絵を描いて遊んだりするためには使わないということをみんなで共有して使っています。

もう一つはクリアファイルのストックです。グループで何かを制作しているときに、途中のものをまとめて保管しておくことができるようになります。こちらも勝手に持って帰ったり、無駄遣いしたりすることはしないことになっています。道具の管理を子どもたちに任せていく過程では、こうして色々な約束を学級で共有していくことが必要です。

05

係に学級インフラを任せる

皆さんの学級にはどんな係活動がありますか。そして、どのような当番活動がありますか。

この当番と係の分類については様々な考え方があるのではないかと思います。よく言われるのは、係活動は児童の自主性を育てるためのもので、当番活動との違いを大切にしなければいけないということです。実際に学習指導要領（特別活動編）にも、「係活動は、学級の児童が学級内の仕事を分担処理し、児童の力で学級生活を楽しく豊かにすることをねらいとしている。したがって、当番活動と係活動の違いに留意し、教科に関する仕事や教師の仕事の一部を担うような係にならないようにすることが大切である」と明記されています。

そのため、背面黒板に連絡事項を書いたり、整頓をしたりといったことは当番活動に、遊びを考えたり、新聞をつくったりといった創意工夫がしやすいものを係活動と分類することが多いのではないでしょうか。その結果、遊び係、新聞係、お笑い係などが乱立し、はじめは勢いよく進むものの、アイデアが枯渇しだすと係活動が一気に停滞してしまうというケースが見られることもしばしばあります。

そこで提案したいのが、当番活動に分類されていたような学級インフラ（背面黒板、整頓、学級文庫）などを係活動にして子どもたちに「任せる」ことです。「ここにこの内容を書いて」「こういうふうに本を整頓して」とお願いするのであれば、それは子どもたちの創意工夫が生まれる活動にはなりません。しかし「みんなの役に立つような黒板になるように任せる」「みんなが本を手に取るように任せる」のであれば、それはまさしく「児童の力で学級生活を楽しく豊かにすることによって創意工夫がしやすいように」する活動になるのではないでしょうか。

例えば、以前3年生を担任した時には「掲示係」という係がありました。普通、掲示の仕事は、先生がプリントを貼る手伝いをすることがほとんどではないかと思うのですが、この掲示係には、壁面の掲示できるスペースを丸々一つ任せて、他の係の連絡が見やすいように工夫して、とお願いします。他の係の子どもたちは、掲示したいキャンペーンやイベントのポスターやカードができた時には「先生のスタンプをもらう→掲示係に提出」という流れを取って、掲示係に掲示してもらいます。どこに掲示したら見やすくなるのか考えたり、キャンペーンの期間が過ぎたものから剥がして返却したり、季節にあった折り紙をすきまに貼ったりと、どんどんと活動を広げていました。

また、５年生を担任した時の「黒板係」も印象に残っています。黒板と言っても、業間に全面黒板を消す仕事ではなく、背面黒板に連絡などを記載する仕事です。高学年ということもあって、この係には「みんなの役に立つ黒板にして」と背面黒板一枚を任せていました。係の子どもたちは、背面黒板にその月の予定を書き始めました。他の教室を真似したのかな、とその背面黒板を眺めていました。

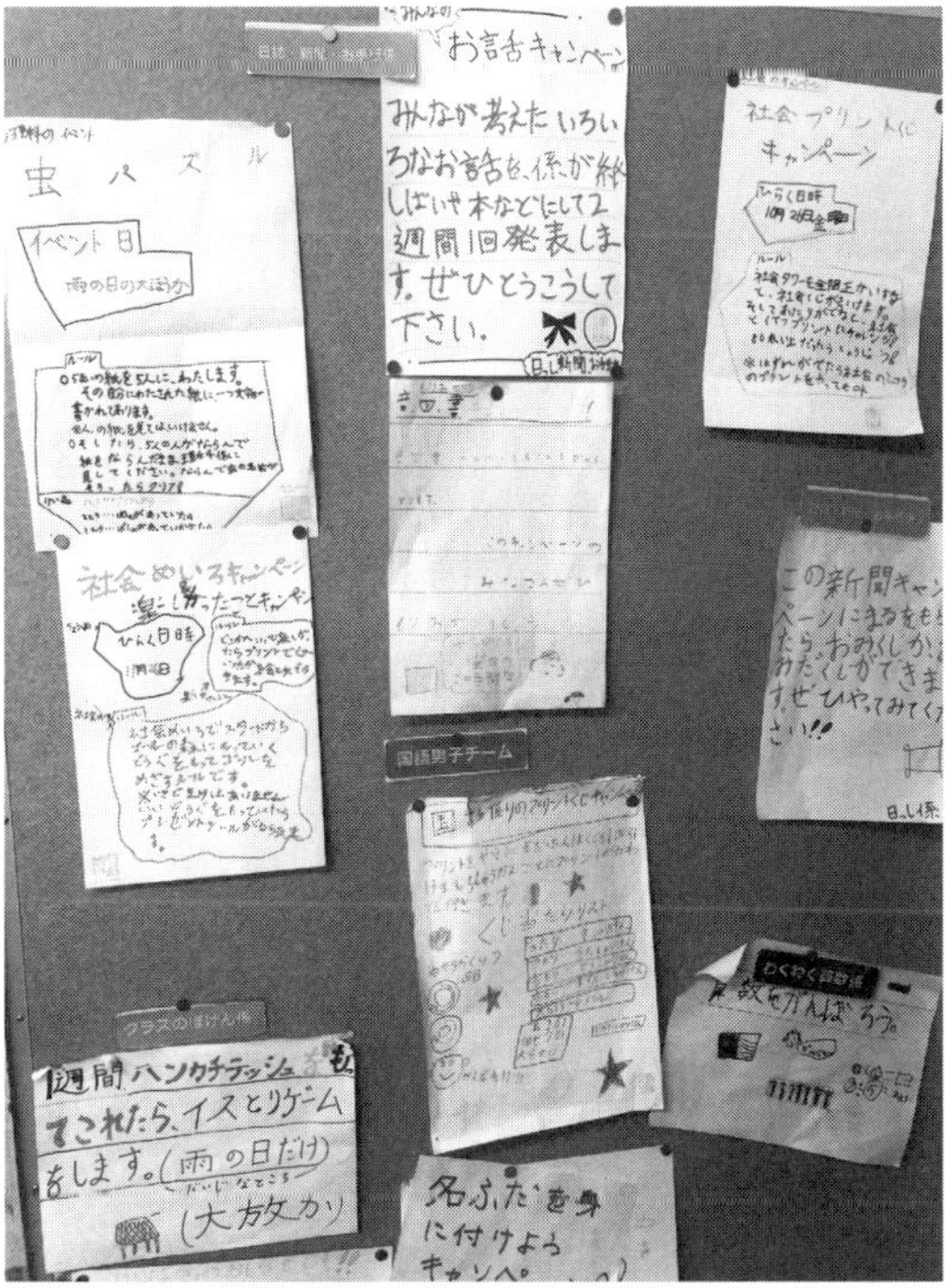

しかし、よく見てみると、普通の行事予定と違い、このクラスの子どもたちだけに必要な情報や、下校時間の変更などが事細かに記されていることに気が付きました。ここまでの情報が一つにまとまっているプリントは一枚もありません。黒板係の子どもたちは、複数のプリントの内容を合わせて、学級の仲間に必要な情報だけを取捨選択し、書き表していたのです。特別なイベントを開いたり、学級を盛り上げたりしたわけではありませんが、この子どもたちも、立派に自分たちの生活が豊かになるように創意工夫を凝らしています。

このように学級インフラを子どもたちに任せていくと、毎年毎年違う教室が出来上がります。こちらの思うようにいかなかったり、機能しなかったりすることもありますが、**自分たちの教室を自分たちで創っていくという意識を強く子どもたちにもたせることができます。**

06

イベントの開催を任せる

係の子どもたちに学級インフラを任せると、子どもたちのアイデアが光るようになってきます。ここでは、係活動がより活発になり、学級を豊かにするために、様々な創意工夫を凝らすようになるシステムを紹介したいと思います。

係活動を進めていくと、学級レクを計画したり、みんなの前でお笑いを披露したりするようなイベントを開催したいという声が上がることがあります。しかし、この係イベント、トラブルのきっかけとなることが意外にたくさんあります。グダグダになってしまったイベントに不満の声が上がり、せっかく計画した係の子どもたちが傷付いてしまったり、うまくいかないことを係の児童のせいにして学級の雰囲気が悪くなってしまったり。そんなトラブルを防ぐためにと、教師が前面に出てサポートをした結果、結局子どもたちの主体性を育てる場になったのかわからなくなってしまったということも多々あります。

そういったトラブルや、教師が大きく介入せざるを得ない状況になってしまうことを防ぐために、私の学級ではこの「イベント・キャンペーン計画シート」を準備し、いつでも取り出せるようにしています。子どもたちが書く企画書のようなもので、この計画シートを作成し、担任の承諾を得た後にポスターを作成し、みんなに告知をすると、学級でイベントやキャンペーンを計画することができます。

このシートには詳しい計画の他に「クラスのためにどんないいことがあるか」を記入する欄があるため、計画の段階から「学級生活を楽しく豊かにする」という係活動のねらいに向かっていくことができます。

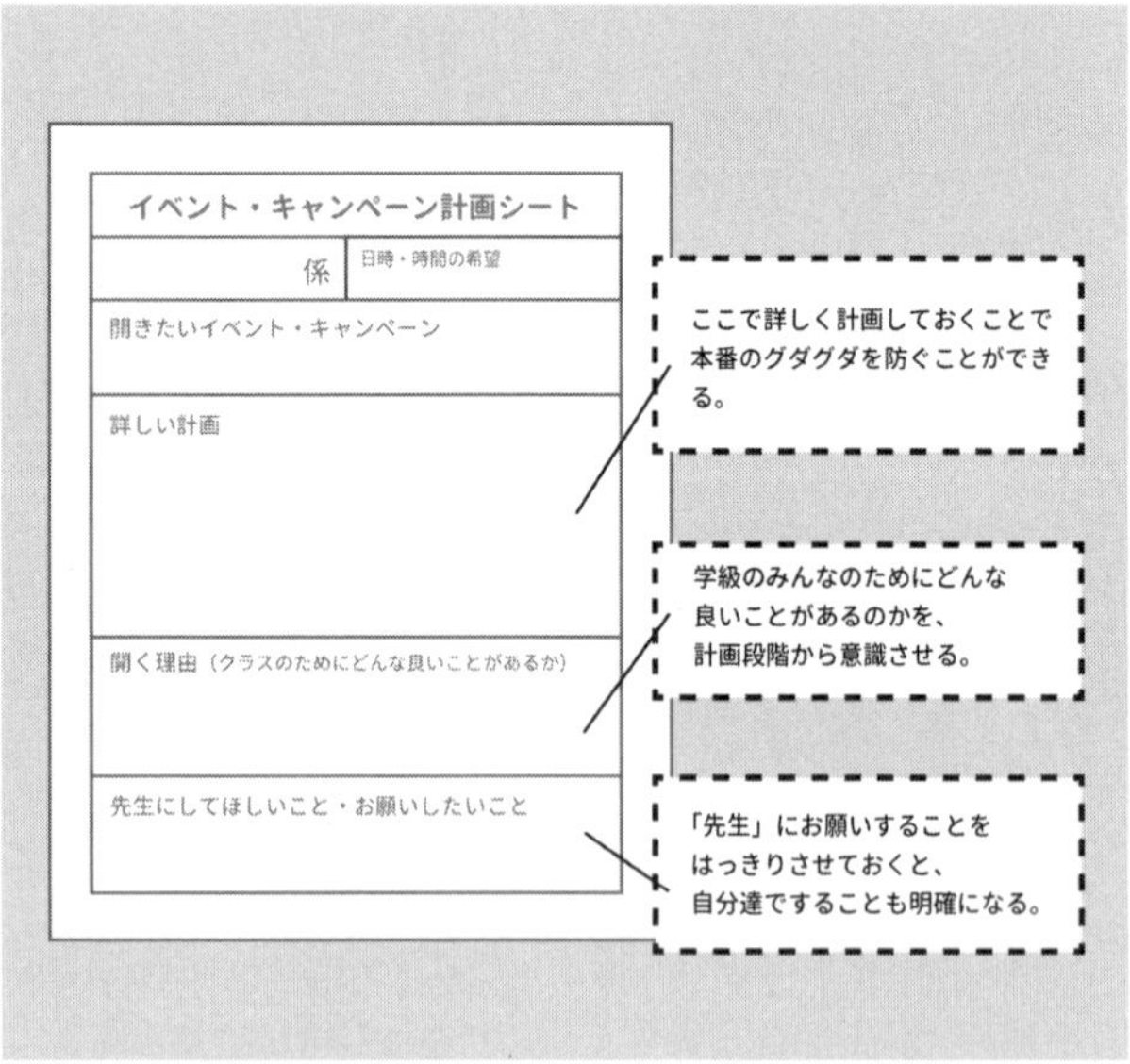
イベント・キャンペーン計画シート
係
日時・時間の希望
開きたいイベント・キャンペーン
詳しい計画
開く理由（クラスのためにどんな良いことがあるか）
先生にしてほしいこと・お願いしたいこと
ここで詳しく計画しておくことで本番のグダグダを防ぐことができる。
学級のみんなのためにどんな良いことがあるのかを、計画段階から意識させる。
「先生」にお願いすることをはっきりさせておくと、自分達ですることも明確になる。

また、企画書を提出する段階で、それぞれの係の計画を確認し、把握することができるので、計画が甘かったり、実行に無理があったりした場合には、アドバイスを送り、一緒に計画を練り直すことができます。事前に話し合っておけば、イベント本番に教師が介入したり、仕切ったりする必要がありません。

プリントの一番下には先生にお願いしたいことを記入しておく欄があります。これは、先生に借りなければいけない道具があったり、時間の心配があったりする場合に書くことが多いです。この欄を設けておくと、子どもたちが自分たちにできることと、先生にお願いしなければならないことを分けて考えることができるようになります。

このシートの一番のねらいは「イベントを開こうとする子ども」と「それをサポートする教師」という構図をつくることです。「先生、こんなのどうかな？」「今回は～を◯◯にしてみた」と自主的に企画書を提出に来るので、アドバイスを送ったり、フォローをしたりしても、子どもの主体性や、やりがいを奪うことがありません。ただプリントを1種類用意するだけですが、子どもたちの主体的な取り組みを、ぐっと後押しすることができるようになります。

また、係ごとにこの企画書を保存しておくことで、反省や気付きを次のイベントに生かすことができるようになります。

　この写真は実際に子どもたちが作成した計画シートです。タイトルの設定や、細かなルールの設定がとても上手に書けていました。また、開催できることを当たり前と捉えずに、時間を大切にしようとしている姿勢も感じられました。

　このように、うまく書けているシートを見本として掲示しておくと、学級全体のイベント開催にも良い影響が及ぼされます。

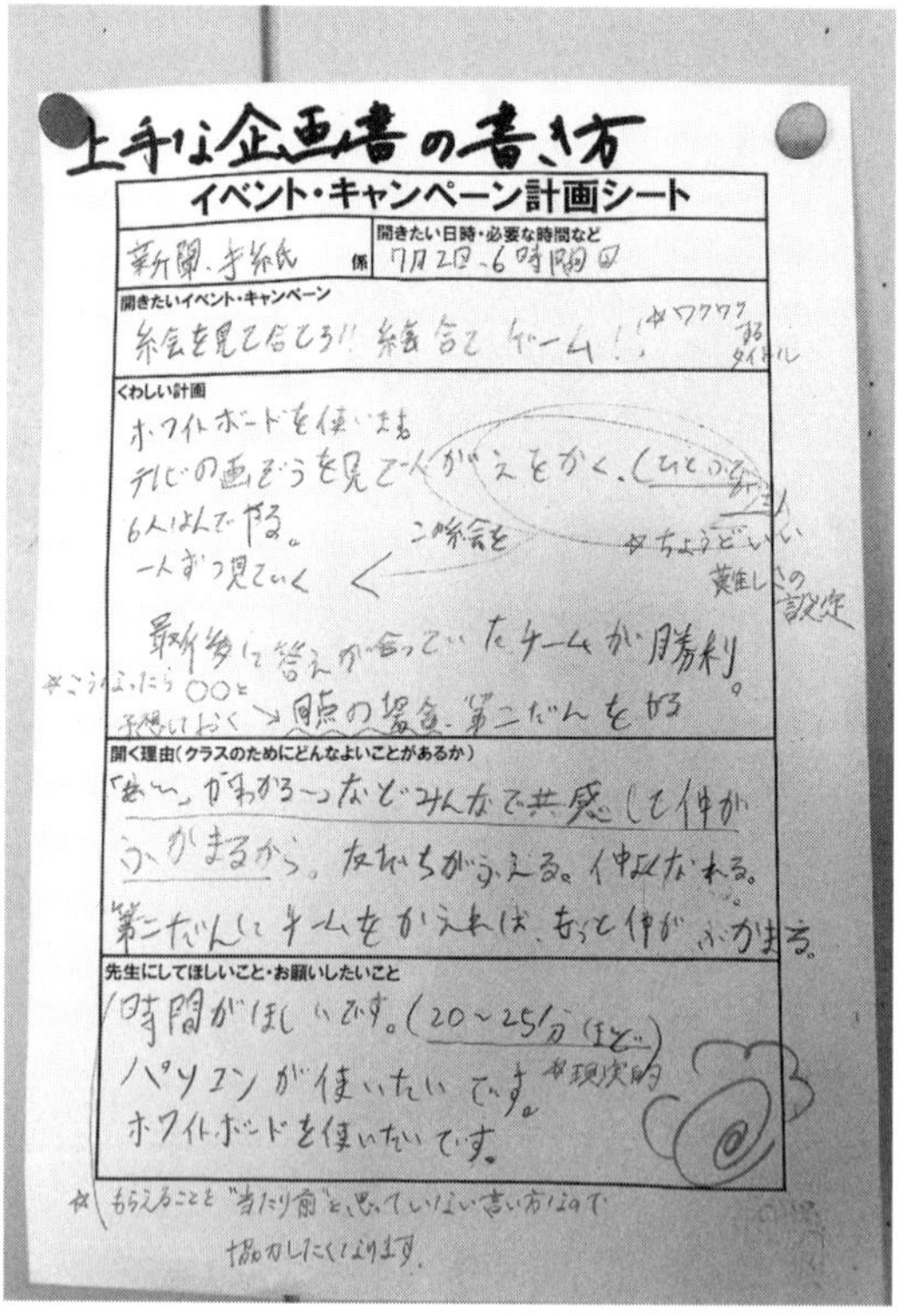

07
係活動への フィードバックを任せる

係活動の難しいところは、やる気がなかなか継続しないところにあります。発足時は勢いよくスタートしたものの、学期の終わりには自分が何の係だったのかも忘れてしまって…、などということも珍しくありません。こうした名ばかりの係活動にしないためには、子どもたちのやる気を継続させていく手立てを考えなければなりません。

そこで効果的なのが、こまめに奨励していくことです。係活動を頑張っている姿を見つけ、声を掛けたり、全体に紹介したりしていけば、また頑張ろうという気持ちが継続されていくことでしょう。他の係の活躍に刺激を受けて、自分たちもやってみようと思う子どもたちもいるはずです。

しかし、学級担任をしていると係活動以外にも、気にしなければいけないことがたくさんあります。授業の準備をしていたり、トラブル対応に追われていたりするうちに、子どもたちの頑張りを見過ごしてしまうこともたくさんあります。

実際のやりとり

そこで、**係活動の頑張りを互いにフィードバックするシステム**をつくります。係活動のがんばりに対する、仲間の声が届くようにするのです。

それがこの Thank You カードです。本書の執筆者のひとりでもある松山康成先生のポジティブカードの研究（２０１６）を参考にしています。

このカードには、「イベントが楽しかった」「いつも優しく教えてくれてありがとう」など、それぞれの係への感謝の気持ちや賞賛のメッセージを記入していきます。そして、記入したものを、写真のように係ポスターの下に張り付けていきます。小さなカードなので、すき間時間に簡単に書くことができます。

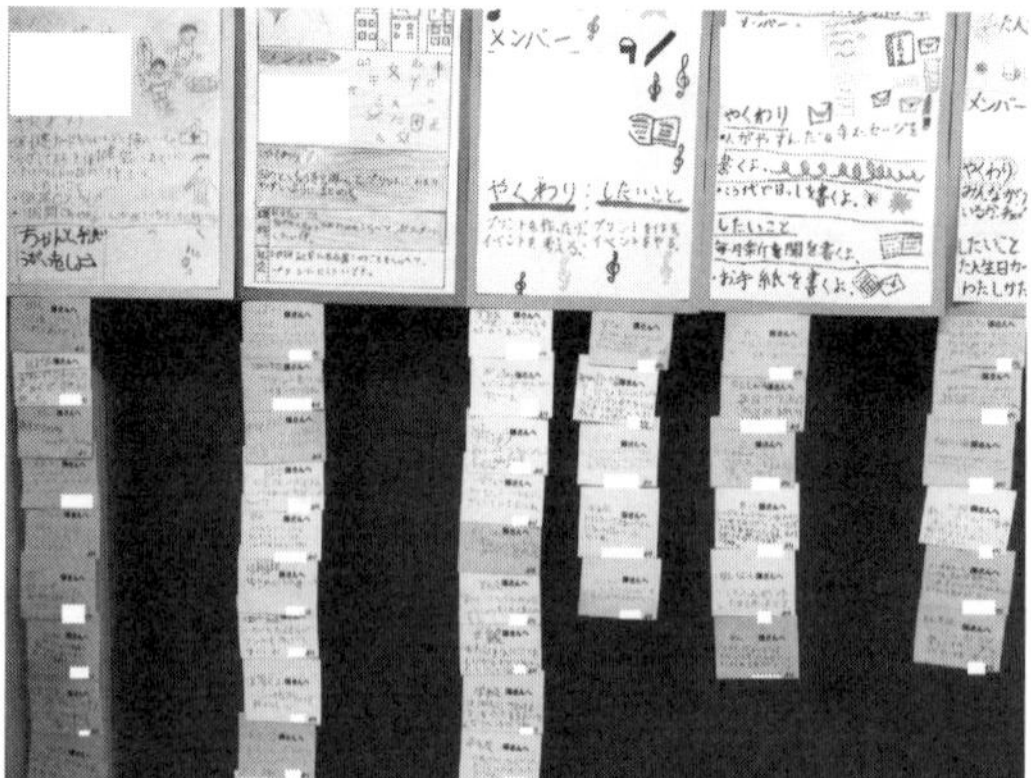

また、カードには二つの種類があります。

一つは、イベントやキャンペーンなど、係が計画したことに対するメッセージを書くものです。「企画して良かった」「次はもっとこうしよう」などといった気持ちを後押しします。

もう一つは、係の普段の頑張りに対するメッセージです。

先のページで紹介したように、私の学級の係は学級生活を支える役割を兼ねていることが多いです。そのような行動に対して、「いつも整頓していてくれてありがとう」「毎朝、学級が明るくなるように挨拶してくれてうれしいです」などというようなメッ

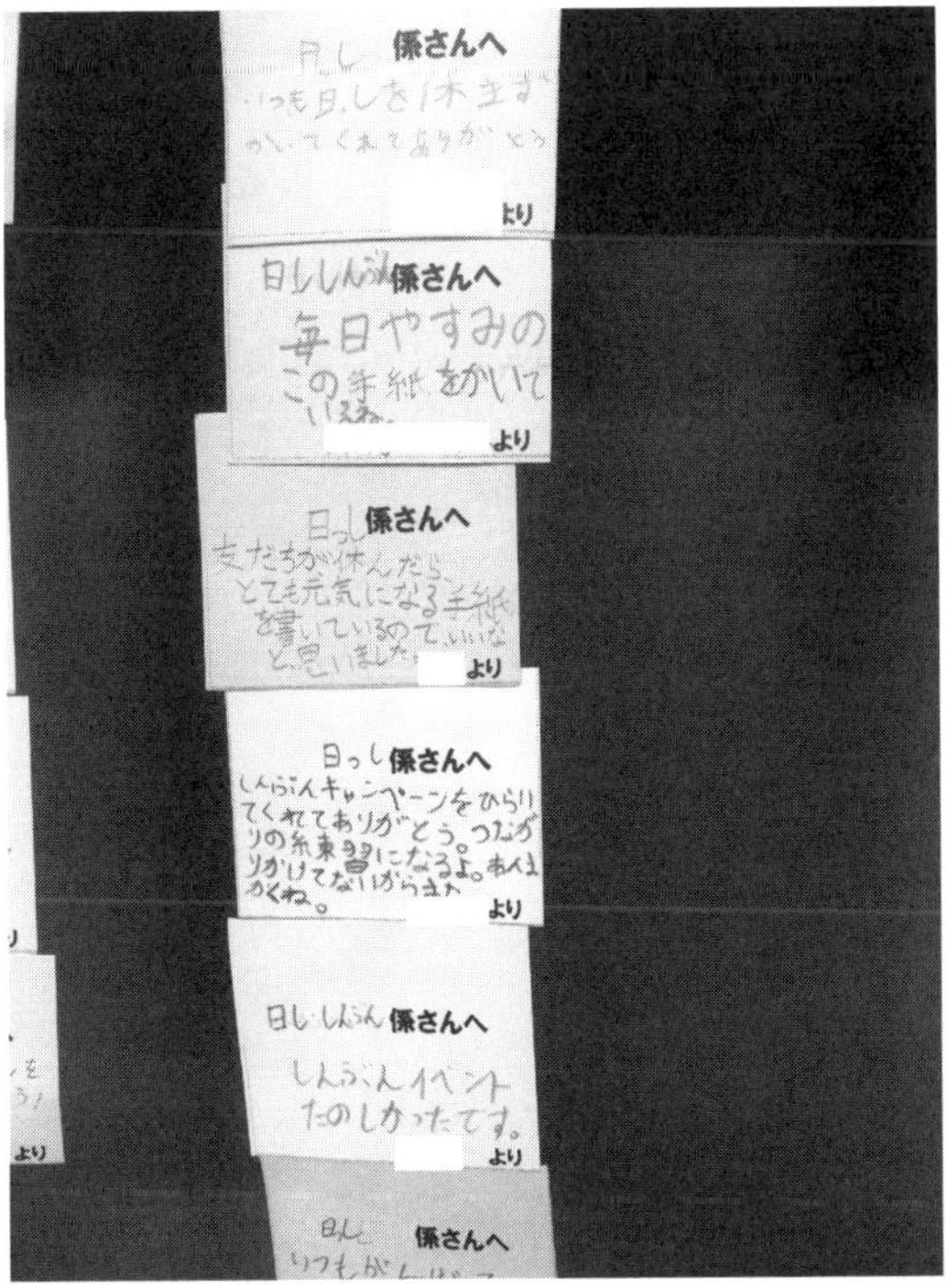

セージが送られます。これによって特別なイベントを開催するだけでなく、日々の取り組みにも力が入るようになります。

どうしても、係活動へのフィードバックというと、アドバイスや、指摘のようなものが混ざるのですが、今回はThank Youカードという名前を用いることにより、感謝や賞賛を送り合って互いの利他的な行動をさらに促進することを目的にしています。

また、カードを用いることによって直接気持ちを伝えることが難しい子どもたちも、感謝や称賛を送ることができるようになります。

【参考文献】

松山康成・枝廣和憲・池島徳大（２０１６）「子ども同士で感謝と賞賛を伝え合うポジティブカードの有効性の検討―対人的感謝と学校環境適応感に及ぼす影響―」ピア・サポート研究13 25－38

08

教室の物語づくりを任せる

運動会や遠足といった行事。お楽しみ会などの学級独自のイベント。学級の変化。個人の活躍。一年間の学級生活にはたくさんのストーリー（物語）があります。こうした物語の共有には、学級への愛着を高める効果があります。この学級が好きだ、みんなでこの○年○組をつくってきた。そんな気持ちをきっと大きくしてくれることでしょう。

そのため、みんなでしてきたことや、成し遂げてきたことを、目に見える場所に掲示しておく学級をよく見かけます。先生のメッセージや笑顔いっぱいの写真が貼られた掲示物を見ると、思い出のアルバムを開いているような温かな気持ちになってきます。

そんな掲示物に憧れて、私も幾度となく挑戦してきたのですが、やはりなかなか続きません。「先生、○月の掲示物がないよ」などと言われているうちに、負担に感じてしまい断念してしまうことばかりでした。

思い出総選挙

そこで、この教室で起こった出来事を言葉に変えて紡いでいく取り組みを「思い出総選挙」と名付け、学級システムの一つに取り入れてみることにしました。やり方は、以下の通りです。

① 月の終わりに、学級の思い出になりそうな出来事を募集する。このときに「ぼくらのクラス会議＃１」「たくさん考えた川とノリオ」のように、みんなの心に届くような書き方を工夫する
② その中からいくつかを教師が選定し、子供たちに紹介
③ 多数決で学級の思い出を４つ決定する。用紙に書き写し、掲示する

大切にしているのは、全員に応募する権利を与えるところです。文章を書くことが得意な子や、学級委員の子どもたちと少人数で話し合った方が、素早く完成するかもしれませんが、それでは学級全体に効果が及びません。代表の誰かが言葉を選ぶのではなく、誰に

でも掲載されるチャンスがあるというところがポイントです。

①の募集の際には、学級通信や、日記や振り返りなどの取り組みとも親和性が高く、それらがストックしてあると、細かな出来事も思い起こすことができます。また、国語の授業の俳句や短歌、古典的な文章の時間を活用して、七・五調のように聞き心地が良いリズムがあることを紹介しておくと、子どもたちの文章の質がグッとあがります。

また応募の仕方は、学級の状態によって自由応募にしたり、「一人ひとつは書いて」とお願いしたりしています。

②の選定では、できるだけたくさんの出来事が並ぶように選定していきます。運動会など、目玉の行事がある時には、応募が集中す

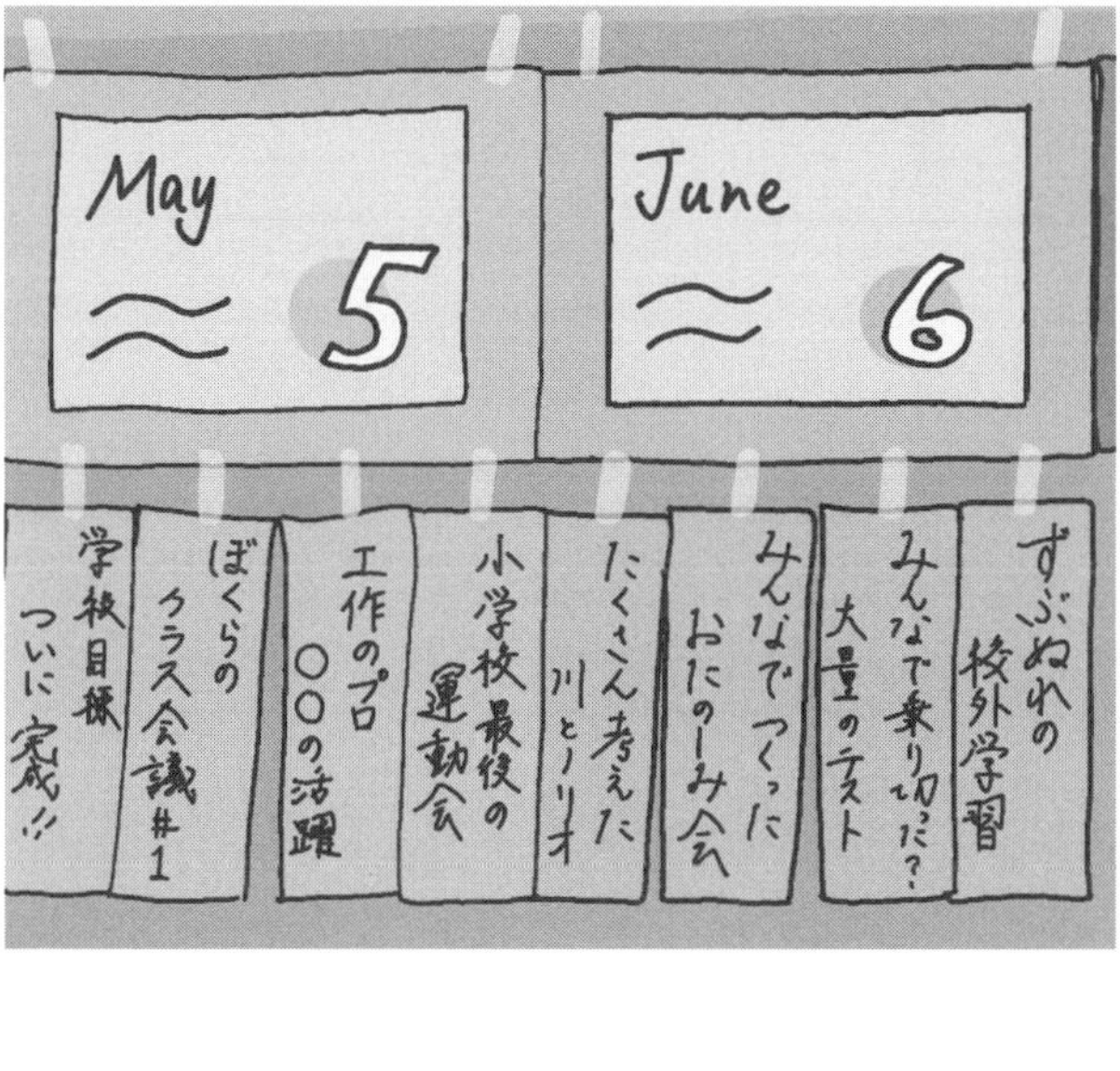

るので、より表現に工夫があるものを2～3個選んでおきます。どの思い出を掲示するかを選ぶために、子どもたちに候補を紹介すると「あ～」「どれにしようか迷う」などという声があがることもあります。掲示しておくこともそうですが、このみんなで選ぶ時間にも大きな効果があります。また、誰の記述が選ばれたかを記録しておいて、**できるだけ全員の記述が候補に挙がるように心掛けることで、取り組みへの意欲を高める**ことができます。

最後の③では、どの出来事にするかを多数決で決めていきます。先ほどあげた運動会の例のように、候補が複数ある場合は、票が割れてしまわないように「運動会のことを載せたい人？」などと、まずは出来事別に決を採ってから「この言葉が良いと思った人？」というように表現を選んでいきます。

選ばれた言葉は短冊に記入し、教室の背部に掲示していきます。一年が終わるころは、子どもたちの選んだ言葉と思い出がずらりと並びます。それとともに、子どもたちへの学級への愛着も高まっていくことでしょう。また、学級じまいの時には、この思い出を振り返りながら、一枚一枚剥がしていくようにしています。子どもたちと紡いできた物語をしめくくる大切な時間です。

09

任せないシステムもある

学級システムの運用を子どもたちに任せていくことは、子どもたちの主体性を育んでいく上でとても有意義なことです。たくさんのことを任せながら、子どもたちと一緒に学級をより良くしていくことで、きっと素晴らしい一年が過ごせることでしょう。しかし、なんでもかんでも任せればいいというわけではありません。教師が責任をもって握っておいた方がいい学級システムもいくつか存在します。

例えば、健康・安全や金銭に関わること、プライバシーを脅かすおそれがあることなどです。体調が悪い子への対応や、集金の管理、個人情報が書かれているものの取り扱いなどが当てはまります。これらは教師が責任をもって行わなければいけません。

また「学級で大切にしたいことを守るために、子どもたちに任せない方が良い」場合もあります。私は、宿題や提出物のチェックを子どもたちに任せないようにしています。

それぞれのこだわりがあっても良い

子どもたちが信頼できないからというわけでも、忘れ物に対して厳格な指導をしているから、というわけでもありません。宿題や提出物のチェックを子どもたちに任せることが誰かの不要な排除や、分断を生んでしまうおそれがあると考えているからです。

例えば、宿題や提出物のチェックを係の子どもに任せた場合、忘れ物が多い子は、毎日係の子に咎められてしまうおそれがあります。また、自分でチェックする方式を取った場合にも「○○が忘れている」「△△がやっていないのに、チェックを打った」などと見張りをしてくれる子が出てくることがあります。こうして「いつも忘れてしまうあの子」と「先生が言ったことをきちんと守る子」の間に分断が生じてしまうおそれがあるのです。逆に学級の状態が不安定な時には、チェックをしたり、他の子のことを気に掛けてくれたりする子どもが責められてしまうこともあるでしょう。こうした分断やねじれを避け、対等性を大切にするために、私は提出物のチェックを子どもに任せないようにしています。

また、席替えシステムも必ず教師自身が握るようにしています。学期末や学年末に「自由席」にすることも、「好きな席が選べる券」のようなものを発行することもありません。

これは、席替えをする理由を年度初めに「いろんな相手と協力できる力をつけるため」と説明しているからです。そうやって一年間、みんなで協力することを大切にしてきたのに、その締めくくりに「好きな子同士で座っていいよ」としてしまうと、辻褄が合いません。また「トイレが心配で後ろの席でいたい」など先生だけしか把握していない問題もケアできるように、くじ引きで席を決める時でも必ず先生が一度確認してから発表する、ということを子どもたちに約束しています。

任せる前に確認していること

これらは、あくまで私の「こだわり」です。宿題や提出物のチェック、あるいは席替えを、子どもたちの関係にも気を配りながら、上手に任せている先生方もたくさんいることでしょう。教師である自分のやり方や、大切にしたいと思っていること、子どもたちの様子や学級の状態によって任せた方がいいことと、任せない方がいいことは変わってきます。**大切なのは、それらの条件を踏まえながら、任せるべきかどうかを冷静に考えること**です。私は、以下のようなことを確認しながら、子どもたちをできるだけ信じて任せることを心がけています。

・任せた子どもが、攻撃を受けたり、大きく傷ついてしまったりしていないか
・任せることによって、おきざりになってしまう子がいないか
・失敗しても、取り返しがつくか
・任せた子どもの失敗を教師自身が許容し、カバーできるか
・いつも同じ子ばかりに任せていないか

学級システム「任せる」ことは、単に子どもたちを使って自分の負担を減らすということではなく、子どもたちの主体性を育み、大きく変化するこれからの社会を生き抜く力を育むためのものです。他の指導と同じように、それが最適な選択肢なのかどうかを確認することが必要になるはずです。

そして、それらの確認ができたのであれば、最後は子どもたちを信じて任せてみることです。うまくいかないことや、心配になることも多々ありますが、それでも信じて待ち続けると、思いもよらない成果が表れることがあります。その時の驚きや喜びは、自分一人で学級を回していた時には感じられないものです。

10

学級運営やシステムを任せる良さ

学級システムの運用を子どもたちに任せていくことによる最大の収穫は、子どもたちが学級に対しオーナーシップを感じることができることです。人任せにしないことで、教室で起こることに対して自分ごとになっていきます。先生が勝手にやっているのではなく、自分たちがクラスのことを決めていける。クラスのルールをつくったり、新しい文化を創造していったりできると感じられることがオーナーシップをもつことの良さです。

現在、日本全体の選挙の投票率はものすごく低いです。2022年7月の参議院選挙では52％でした。あくまで推測ですが、これは小学校の段階から、投票権をもつ高校までの間に、「何もしなくても先生が決めてくれる」という経験を積み重ねた結果であると考えます。自分が動かなくても勝手に仕組みがつくられている状態であり、自治的な状態とは真逆にあります。まさに他人事です。

実際に今、講義をしている大学生になぜ選挙に行かなかったのかヒアリングしたところ、「自分一人が選挙に行ったところでなにも変わらないから」「どうせいつも同じ結果だから」という無力感を感じていることがわかりました。

反対に、学校全体を巻き込んでクラス会議に5年間取り組んでいる宮古島の平良第一小学校では、児童会役員選挙にかなり多くの子が立候補をして、どんな学校にしたいのかを語っていました。沖縄の北谷町では、町全体でクラス会議に取り組み始めました。数年後北谷町の若い世代の投票率は上がっていくのではないかと今からとても楽しみにしています。

クラス会議自体も、子どもに自治を任せていく代表的な取り組みであり、全学級に取り入れて行ってほしいと願っています。

与えられた仕事には工夫の余地がない

「この仕事をやっておいて」と先生から頼まれたことをやれば間違いはないですがここに工夫の余地はゼロです。言われたことを、言われたままやるので簡単ですが、頭を使いません。反対に**ある程度幅をもたせた状態で任せられると、工夫する余地が生まれます。**

何をどのようにいつまでにやれば良いのか。誰とどんなタイミングで準備をすれば良いのかなど、たくさんの考えることが生まれてきます。こういった思考は大変ではありますが、やりがいも併せもちます。自分の頭をフル回転させ、どうしたらうまくいくのかを頭の中で何度もシュミレーションします。この経験が大人になって仕事をする時に、とても役立ちます。ＡＩにも負けない仕事ができるようになります。

もちろん最初からうまくいくわけではないですし、与えられた仕事を行う時よりも成功率という意味では下がります。けれども、だからこそ、うまくいった場合の喜びは何倍にもなりますし、やりがいもその分増えていきます。

私が考える、学級内の様々なことを「任せる」良さは下記のような点です。

- ・教室の中でオーナーシップを育むことができる
- ・自分たちで文化やルールを創っていけることを知ることができる
- ・任せることで将来選挙の投票率も上がる
- ・子どもの工夫の余地を残しておくことが将来に生きる

主体を先生から子どもたちへ移していく

子どもたちに主体性を育みたいと言いながら、子どもに任せることができない先生がいます。先生が一人で物事を進めていては、子どもが主体性を発揮する場面は訪れません。子どもたちに栄養を取らせたいと言いながら、ご飯をずっと食べているのは先生だけという状態です。それではいつまで経っても子どもたちは太ることができません。最初は食べるのが下手でも、たくさん食べこぼしても、まずは食べてみようとしないと始まりません。

主体を徐々に子どもたちへ移していきます。やり方は、この本に書いてある通りです。得意な所から始めていきましょう。クラス運営、学級システム、個別学習、協同学習、クラス会議・話し合い活動、トラブル解決。いろいろな場面で使えるスキルと方法がたくさんあります。**いきなりすべて取り入れるのは難しくても、少しずつ、できる場面から任せていきましょう**。そうすることで主体性は必ず育まれます。

言うは易し、行うは難しですが、子どもたちに未来を生き抜く力を付けるのか、今日の授業をクリアする力だけを付けるのか、目標とするものが変わってくると自然とやり方も変わっていきます。

第３章

個別学習を「任せる」

五十嵐太一

01

個別学習をする前に3つのＮＧを考える

「個別学習」をGoogleで検索してみると、インターネットサイトでは、次のように書かれていました。

個別学習（こべつがくしゅう）とは、児童生徒のそれぞれの能力、資質に応じて、それぞれの自発性を尊重して、学習目標を達成させようとする学習形態。

（Wikipediaより引用）

個別学習を授業で取り入れる際には、子どもたち一人ひとりが、「自分が学びたい学び方を選べるようにする」ことが大切です。そのためには、一斉指導も、学習中の度重なる個別のやり取りも必要になります。また、気をつけるべき考え方として、個別学習は、「孤別ではない」「すべてお任せ（放任）にしない」「個別協働は分けない」ことです。

NG① 孤別学習ではない

「それでは、一人で考える時間を取ります。時間は5分です」

そう言って、一人で考えさせる時間を取る授業をしていたことがありました。そして、誰かとやり取りをする声が上がると、「今は、自分で考える時間です」と言っていました。

今思えば、その子にとっては、個別ではなく孤別にされた時間だったように思います。

誰かと話したい時には話すこともまた、個別学習だと捉えた方が良いです。自分の学習の仕方をはっきりさせたり、友達の学び方から自分の学習を見直したりできます。あるいは、学習にどう向かい合ったら良いか悩んでいて、話を聞きたい・聴いてもらいたいのです。それを、なんとか友達とのやり取りから解決したいからこそ、誰かに声をかけるのでしょう。「個別」という学習の形にばかり気を取られた失敗でした。

「孤別」を生み出さないこと。子どもたちが安心して学ぶために、友達との関わりを断つ前に、「今、どうしたいのかな」「もしかして、学習に取り掛かれずに迷っているかな」「今、本当は友達に意見が聞きたいのかな」など、私たち教師が、その子たちの個別学習が安心して進められるようにサポートしていくことが大切に思います。

NG② すべてお任せ（放任）にしない

「一斉指導が良くない」という考えをされる風潮があります。ですが、個別学習を確立していくためには、子どもたちが自分の学習に向き合うために、みんなで同じ話を聞いたり、同じ問題や考え方を共有したりする時間が必要です。

単に、「個別学習は、それぞれが学ぶ時間だから、自由にする」のは、学習としてうまくいかなくなる場合があります。教師が介入しないことで、何をしたらいいかわからない子が出たり、学習する単元で学ぶ内容、身に付けてほしいことから外れたまま過ごしてしまったり、あるいは、つまずいている・悩んでいて進んでいない子がいるのに気づかずに過ごさせてしまったり…。様々なところで、学習に滞りが生まれてしまいかねません。

個別学習を行うにあたっては、「今日、○○さんは、どんなふうに学習を進めていくのだろうか」と、一人ひとりの学習をできるだけ具体的にイメージして学習時間に臨むことが大切です。すべてお任せにしたままにしていないで、時折、学習の始めに自分で考えためあてと合った学習になっているか、**うまくいっていないことがあるかをたずねながら、教室の中で学習している子どもたちとやり取りしていく**必要があります。

ＮＧ③　個別と協働をくっきり分けようとしない

「今から、みんなで話し合う時間を取ります。自分のやっていることをやめて、友達の話を聞きましょう」と、個々で学習している時間を無理に区切り、友達との学習へと向かわせていることがよくあります。ですが、**本当にその子が今、友達と話したいと思っているのでしょうか**。その子は、今は、自分で考えたいと思っているのではないでしょうか。

個別学習を進めていくと、実は自然と協働の場面が生まれていくのです。教室の中では、教師が「話し合いましょう」と伝えなくても、自然とやり取りが生まれます。もちろん、全体でやり取りすることが必要な時もあります。

ここで伝えたいことは、個別と協働は一体となっているので、協働に見える複数人でのやり取りでも、一人ひとりが、今何を考えていて、どんなことがわかるか、受け取るかを考えてみると、その中にもまた、個別の学習がたくさん含まれているとも言えます。ですから、「協働させる」ために、「個別をとめる」のではなく、個別学習の合間に、協働が必要になる、と考えると、学習の時間にあれこれと教師が指示しなくても、もっと安心して見ていられると思います。

02

個別学習を任せた子どもたちから見えるもの

個別学習のＮＧは、私の失敗談です。改めて、個別学習が子どもたちにとって充実したものになるために、何を任せたのか、お伝えします。

私が子どもたちに任せたのは、次のものです。あえて、５Ｗ１Ｈを加えてみました。

- ・学習時間と学習形態の共有（どれくらい・どこで）
- ・学習内容と学習方法の提案と経験（何を・どうやって）
- ・放課後の家庭学習（いつ・なにを・なぜ）

そして、学習する際には、必ずめあてと振り返りは行います。自分の状態を知り、そこからめあてを立て、学習に向かいます。そのめあてと振り返りこそ、最も大切な力です。

信じて任せる

学習時間や形態・内容や方法に至るまで、実は子どもたち自身の力で決めることができるようになります。もちろん、私たち教師の方では、「何を学ぶか」「どのような力が身に付くと良いか」「どんな学びにつながるか」など、今までの教材研究がなくていいわけではありません。むしろ、子どもたちの一人ひとりの学びを想像して、任せようとする気持ちで授業を準備すると、自分で進めようとしていた時よりも、ずっと気持ちが楽になると同時に、子どもたちの学習する姿を想像してわくわくしてきます。

そして、子どもたちには仲間とのやり取りも、学習内で必要に応じてするように任せていきます。隣の子の手が止まっていたら、「大丈夫？」と声をかけよう、と伝えます。つまずきの解消へのやり取りもまた、自分の学びになると伝えます。必要に応じて、説明したり一緒に問題を解いたりすることも含めて、その子たちの判断に任せていきます。

こうした子どもたちの姿を保証するためにも、**自分たちで行動選択できる環境が必要です**。選択できる環境に慣れていくうちに、ますます子どもたちは自身の力を伸ばすことに楽しさを感じていくと思います。

任せた個別学習のゴールは「幸せ」

学習について、様々なことを任せていくと、子どもたちの間に「共生」の意識が生まれていきます。

ある算数の単元において、子どもたちに学習時間を単元内自由進度学習の形をとって、30分程度の学習を任せたことがありました。その時は、「学習のめあて」を小グループで宣言するところから始まり、担任のミニレッスン（みんなのつまずき、学習として押さえてほしい考え方・知識）をしたら、個別学習に入っていました。学習を任せ始め、およそひと月経った頃の学級の様子を紹介します。

Aさんが、ミニレッスンを終えると、ホワイトボードを用意し、Bさんの席から正面にホワイトボードが見えるような形を取るように自席を動かしていました。学習時間が始まると、Bさんの進み具合を尋ねながら、ホワイトボードに何かを書いています。しばらく様子を見ていましたが、Aさんは、この日は珍しく自席で問題を解いたりノートをまとめたりしていませんでした。気になったので、Aさん自身の今日の学習のめあてを尋ねることにしました。

Ｔ　今日は、どんなことを学習するの？
Ｃ　昨日のＢさんの様子を見て、手伝いたいなって思ったから、家でこの単元の問題をすべて解いてきました。先生、今日はＢさんと一緒に学習を進めていいですか。
Ｔ　それでもいいけれど、自分の学習は大丈夫なの？
Ｃ　わからないことがわかるように伝えることが、私の今日のめあてです。Ｂさんが、大丈夫だと思ったら、ミニレッスンをまとめるか、ドリルをします。

個別学習を、算数の授業時間以外でも続け、家庭学習を利用して、この時間のめあてを決めていました。Ｂさんは、この日、自分が立てためあてよりも、はるか先まで進みました。ＡさんとＢさんの学習は、一方的な教え込みではなく、コミュニケーションの溢れる、安心した学びの時間になっていました。

Ａさん自身もこの時間、学びがありました。自分自身ができることは、家でもできる。今、友達が目の前で困っているならば、自分の力と合わせれば、みんなが幸せになる。そんな風に、学びをその場の点としてではなく、現在と未来をつなげた線で考えられるのが、個別学習で自分の学習の仕方を調整できるようになった子たちなのだと感動しました。

03 個別学習を任せていく言葉かけ

学習を任せていくことは、子どもたち自身が、自分たちに学習を任されていると実感することが必要です。その際には、急にまるごと手渡すのではなく、子どもたちが受け取りやすいところから始めていくと、お互いに安心です。

学習の経営は、人によって様々です。個別学習を任せるにあたっても、自分の学級の様子と自分自身の経営観も大切にして、徐々に手放していくことで、バランスの取れた学習経営になっていくのではないかと思います。

実際に、私が子どもたちに任せたことと、任せてどうなったか、一例を挙げていきます。

「自分の教室なら、どう答えるだろう」

「自分なら、こう伝えたい」

など、自分のクラスや授業などを思い浮かべながら、読み進めていってください。

「学習時間」を任せる

まずは、学習時間を選択できるように尋ねるところから始めます。同じ問題を解く場面で、「何分くらい必要ですか」と、問います。はじめは、慣れていないと固まりますが、「○分でできる」「待って、○分かかるかも」「一応○分ちょうだい」など、子どもたちの中で、その問題と自分の力量との関係を考える姿が見られます。すると、子どもたちが時間へ意識を向けて集中して取り組むことにつながります。また、時間内に終わらない時には、「時間がもう少し必要な人？」と尋ね、一人でもいたら、時間を延ばします。このやり取りを、算数の問題演習の時間、社会のノートへの書き込みの時間、体育の作戦タイムの時間など、学習時間の様々なところで取り入れていくとよいでしょう。

すると、私たちは授業の間に、子どもたちの様子を見る時間が増えます。この時間に、子どもたちの学び方を確かめたり、必要に応じて学習支援を行ったりすることができます。

また、「授業は、始めたい人からスタートしましょう」と伝えると、始業のチャイムよりも早く取り組み始める子がいます。それを、「すごい。自分で学び始めたんだね」と伝えると、自分たちで学習時間を調整する集団になっていきます。

「学習形態」を任せる

「友達とやり取りが必要だったら、自由に席を動かしていいからね」

普段から、子どもたちには、学びやすい形に机を動かしていいと伝えます。すると、近くの友達とグループを組む人もいれば、自分一人で取り組む人も出てきます。

この時、男女別になることもあります。それは、学級の実態に応じて声をかけておくとよいと思います。繰り返していくうちに、学習時間や進度に応じた組み方を子どもたち自身で選べるようになります。

「○ページからやる人、一緒にやろう」

「途中から入るかもしれないけど、一人でやらせてて」

「（立ち歩きながら）どうして、それってそうなるの」

子どもたちに任せていくと、このような面白い集まり方をします。また、誰かと話そうと立ち歩きも始まります。これもまた、子どもたちの個別学習を支える必要な学習活動と捉えます。

「学習方法」を任せる

学習が自分たちのものになっていくという実感を得るのは、「こういうゴールにしたい」「こういう学び方をしたい」という学習方法を選んで取り組める環境の中で学ぶことです。

私たちは、その時間の中で子どもたちが望む学習方法を選べるようにするために、一人ひとりの学びの特徴や学びやすさを考えた上で、ＩＣＴツール、プリント、ドリル、ノートまとめなどの学習方法の提案を、具体的な効果や取り組みの際の特徴を伝えながら示すと、子どもたちが選びやすくなります。１年生からでも、自分のやりたい方法に応じた学習方法が選べるようになると、子どもたちはぐっと学びやすくなるでしょう。これを、**どれだけ教師側が許せるか、というところが重要になる**と思います。

はじめは、「算数の問題を身に付けるために、プリントにする？それともドリルにする？」と、少ない選択肢から選べるようにしていくと、自分が得意な学び方を理解していくことにつながるでしょう。

そのためには、**「すべてを管理する」ことを手放して、子どもたちの学び方一つひとつの様子に寄り添っていこうという気持ち**こそが、学習方法を任せる一番の近道でしょう。

04

任された子たちから学習に向き合う

学習を任せ始めると、子どもたちは一生懸命学習に向き合います。むしろ、教師が主導で進めている時間が少なくなる分、より自分に合った方法やかけたい時間に選択肢が生まれるので、真剣に学習を選ぼうとします。

選ぶのに慣れると、今まで部分的な選択肢として任せてきたものを、今度はさらに広げて学べるようにすると、子どもたちの選択肢も広がります。そこで、必要になるのが、「めあて・振り返り」です。**毎回の学習に、アウトプットを入れることで、より学習を調整する力が身に付きます。**カーナビを例にします。ゴールを決めて入力できたら、車は目的地にたどり着きます。ですが、目的地を間違えて入力したり、ナビをセットせずに知らない土地を走ったりしているうちは、なかなか目的地まで着かないでしょう。

学習を任せるということは、このゴールへ向かっていくための精度や力をつけることにつながるのです。

子どもたちに任せる学習のカタチ

学習するにあたり、学習内容や単元の学習時間などは、学校教育法で定められたものであり、大幅に変えることは難しいでしょう。その代わりに、それ以外の面で学習者である子どもたちの声を聴きながら、必要なコミュニケーションを取って、学級の学習の形を固めていくことで、学習を任された子どもたちが自走することができそうです。

「この単元は、目安が○時間だって。みんな、どれくらいかかりそうかな」

「学習で用意してほしいものは、ありますか」

「全体で話し合いたいこととかはありそうですか」

単元の最初や授業の合間に、子どもたちに学習の進度や学習の大まかな流れを共有し、どんなふうに学習をしたいかイメージをもたせるように声を掛けていきます。

また、学習する際、子どもたちと共有できるものは、どんどん子どもたちに手渡していきましょう。問題の答え、解き方・解説、単元の流れや学習内容などです。

すると、私たちの今まで考えていた当たり前が変わり、子どもたちの学習がより充実したものへと変化していきます。必然的に、学習のカタチも変わっていきます。

任せた先に見える子どもの学習の向き合い方

学習を任せていくうちに、次のように子どもたちなりに自分事化するようになります。

■授業5分前

算数の授業が始まる5分前。3人の学習グループが座席を寄せて、お互いのめあてを発表し合っていました。

T　すごいね、もう始めるの？　まだ、休み時間だけど。
C　今日のところは、たぶん時間がかかりそうだって、この前なったの。だから。
C　5分でも多く出来たら、単元の最後まで、早くたどり着けるでしょ。わからない問題があったら、友達に聞ける時間が増えたことになるって話になったの。

授業時間の開始と終了は、自分たちが決められます。個別学習の時間を増やすほど、こうした学習の時間のゆるやかな考え方が出てくるようになります。

■振り返り後

授業終わりの振り返りを書く時間に、その時に終わらなかったものや、次にやりたいことをすでに計画に立てている子がいました。

C　今日、めあてを立てるのに、前回のことを振り返ってて時間がかかったから、今日の続きをやろうと思って。だからページ数や問題がわかるうちに入れておきました。

■授業後

授業中や授業後に、メモ帳や連絡帳を出して、メモしている子が数人います。特に、振り返りを書いた後に、メモをしている子が多くいました。この子たちは、放課後の家庭学習の一部に、その時間に学習して納得できなかったところや、あと少しでわかりそうなところを自宅でもう一度解き直そうと思って書いていたそうです。

これらの例のように、振り返りとめあてがつながることで、学習の流れが自分なりに見えて、自分たちなりの学習スタイルを考えられるようになります。

05

家庭学習を任せる

子どもたちは、本来様々な力と可能性をもっています。そしてそれは、個々で多様です。ですから、担任が同質同量の家庭学習を出すことを手放し、少しずつ子ども自身に任せていけば、子どもたちに合った学びになり、大人の想像以上の力を発揮するようになります。

そこで、子どもたちがやりたいことを放課後に学べる環境を保証し、任される環境に慣れれば、それぞれがより、多様で個性的な学びができるようになるでしょう。

家庭では、毎日決められた家庭学習に四苦八苦するよりも、自分がやりたいこと・必要だと思うことを選んで、自分で学習できるようにサポートしていくことが、これからの子どもたちの個別で学ぶ力を育てることにつながると思います。また、学校でその日の家庭学習の計画を立てるようにすると、フィードバックも早く、日常的に自分の計画を見直すことで、自分を調整する力の向上にもつながります。

自学ノートの魅力

私が提案するのは、家庭学習の内容を子どもたちが決める、という形です。ただ、いきなりすべてを決めさせるのは無理があります。今まで決められた宿題に取り組んできた子にとっては、地図もないまま森へ放り込まれるようなものです。そこで、これまで紹介した「任せる学習」同様、家庭学習では、子どもが学びたいものを選ぶ仕組みにするのはどうでしょうか。自学として家庭学習に取り組むのです。

その際、子どもたちには、自学ノートの取り組み方について紹介します。始める際に、自学のガイダンスを行うことで、何をしたらいいかわからない子を減らします。下表の通り、私からは４つの機能があると伝えます。特に、①の練習的機能は、従来の漢字練習や計算練習などが含まれます。②は、メモ帳と同じような役割です。毎日浮かぶアイデアや考えを書き残すこともまた、学習だと伝えます。③は、ノートを知識の備蓄庫にするものです。④は、森川正樹先生が提案している見開き自学を子どもたちに紹介しました。特に、④の学習を子どもたちは好みます。

自学ノートの役割（五十嵐学級的考え方）
①練習的機能（反復・下書き）
②備忘録的機能（メモ・計画・提案）
③整理保存的機能（まとめ・情報収集）
④探究的機能（自己修正・更新）

自学を楽しむために

家庭学習を自学にすると、みんな楽しそうに放課後の学習を想像します。人は、選べる環境に、自由とわくわくを感じます。もちろん、不安に思う子には、個別で対応し、一緒に決めていく場合もあります。放課後に悩まないよう、初めは学校で15分程度、それぞれの自学の進みやテーマ決めに時間を取りましょう。

子どもたちが自学に慣れ、楽しむためには、**私たちがどれだけ子どもたちを信じて任せていくかが大切になります**。私は、次のように自学を捉えています。

- ・自学ノートはその子そのもの。内容や分量も含め、その子を理解する参考になる
- ・その子の学びを保証する。やらないときもある。やってきたら、それを喜ぶ
- ・必要だと思えば、授業進度やテストの目安を参考にできるよう範囲を伝える
- ・その子らしさのある部分を見つけ、楽しむ

一週間で、1ページの子もいれば10ページの子もいます。それもまた、認めています。

その子の頑張りを発見する・取り上げる

自学にすることで、子どもたちが達しなければならない量や時間などから解放されます。子どもたちも私たちも、定量同質の課題の提出を手放すことで、それぞれの学びについて、よりよく見ることができるようになります。

下のスマホの自学に取り組んだ子のノートには、たくさんの素敵なポイントがあります。どこだと思いますか。人によって違うところに価値を発見するかもしれませんが、それも共有することで、より豊かな自学の見方になると思います。

私なりに、クラスのみんなに伝えた言葉は、次の通りです。

・スマホの裏に情報があるね。わくわくするノートにしたね。
・キャラクターがいるね。定規で部屋が分かれている。読みやすいね。
・振り返りにある通り、「大変だ」と思えるくらい、丁寧さを感じるよ。自分の頑張りをちゃんと言葉にできていて、素敵だね。

06

家庭学習を楽しむ

一緒に面白がる

自学を一緒に楽しんでいくと、子どもたちの学習への見方が変わります。自分の好きなことを学んだり、必要なことに時間を掛けたりすることができるので、ますます学習を楽しいと感じるでしょう。特に、その子が選んだ学習には、その子らしさが表れます。

そして、お互いの自学の様子を聞き合い、見合うことで、さらに自分の自学を見直すきっかけになります。特に、私が取り組んでいるのが、見開き自学です。

作品には、1日から数週間かける子がいます。人それぞれです。余白があれば、それは、「終わっていない」ではなく、「学習・創作中」なのです。そこから、その子のこだわりや興味関心、そこまでの取り組みの積み重なりなど、その子らしさを楽しめます。

信じて待つ

大人も子どもも自学を楽しめるようになると、ノートの見方が変わります。ノートの見方が変わると、次のように声のかけ方も変わります。

T　おぉ、マグロのタイトルにマグロがいるね。先生マグロ好きなんだ。情報をたくさん書きたいって気持ちが伝わるね。ここからどんなマグロ情報が入るか、楽しみだよ。

翌日、この子の自学ノートには、たくさんのマグロ愛が詰められていました。この子のこだわりを認め、喜びとわくわくする気持ちを伝えて信じて待った結果、ものすごいスピードと意欲で、まるでマグロのようなスピードとうまみをもって完成させたのです。その子の出来上がりを見せる表情も、

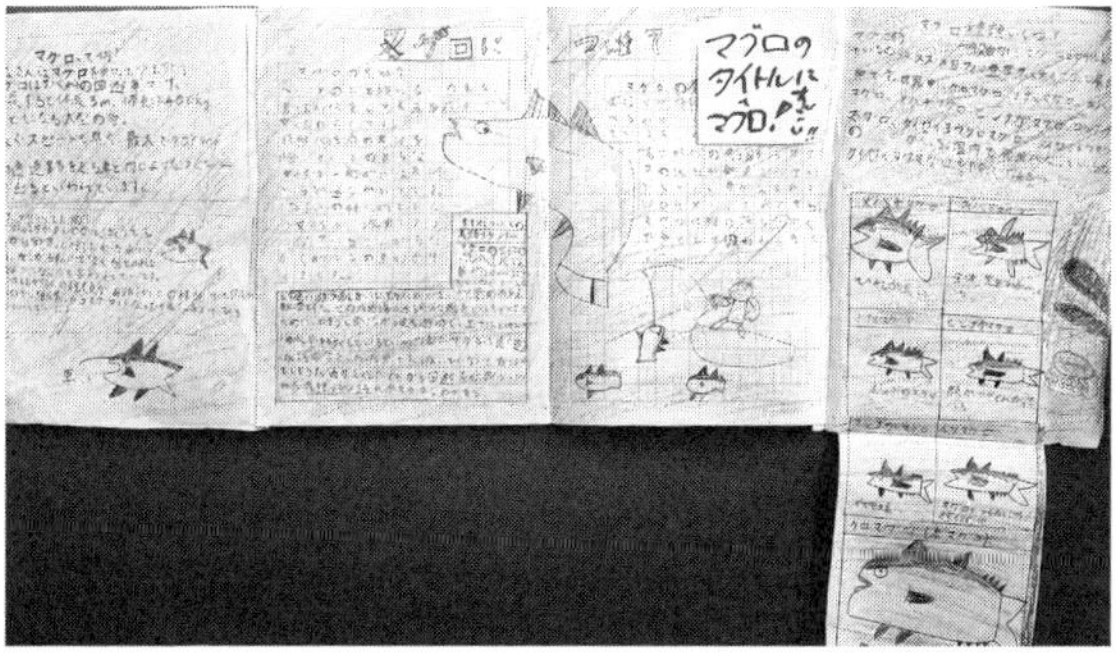

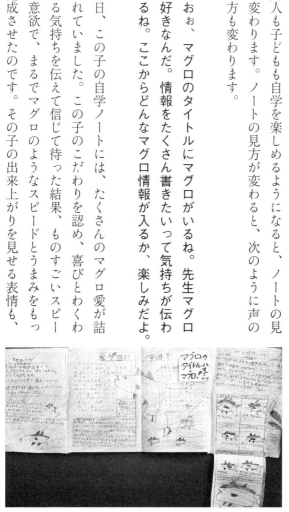

満足しているようでした。

学級の文化にする

ＩＣＴツールも、まずはやり続けないと定着しません。自学も同じです。自己決定の場を用意し、子どもたちが選べたならば、どのようなカタチであれ、私たちは喜び、励まし、応援していきたいものです。

自学を続けていくうちに、子どもたちの学級文化になる場合があります。その際には、喜んで応援していくとよいでしょう。あるいは、「やりたい」と思えるように、子どもたちの学びを価値づけられる見方を常に全体で共有し、自学を楽しむ集団になっていくことで、ますます家庭学習は、子どもたちのものになっていきます。

自学展覧会、自学コメント交換、グループ自学。いろいろなことを子どもたちが計画しました。どのイベントにおいても、それぞれの良さをお互いに言葉にして伝え合う活動が仕組まれていました。その結果として、**自分の取り組みにこだわりを持ち、友達にアドバイスやアイデアをもらう学級の文化が積みあがりました**。

最後に、子どもたちの学級文化で育てられた自学を紹介して終わりたいと思います。

イチゴをテーマに
した自主学習ノート

ジンベイザメをテーマに
した自主学習ノート

クリスマスをテーマに
した自主学習ノート

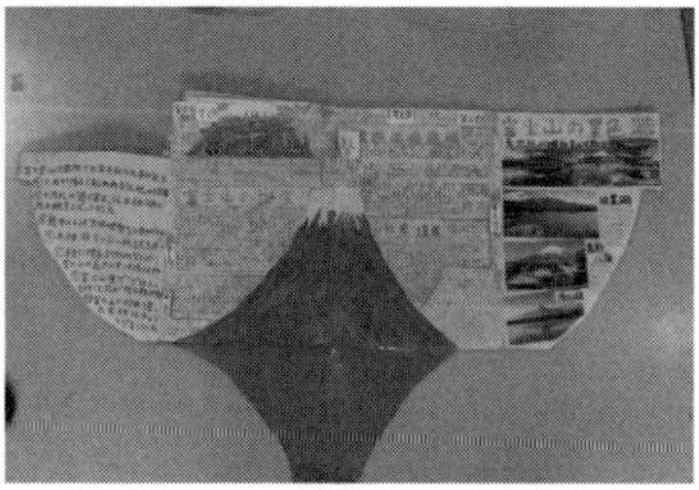

富士山をテーマに
した自主学習ノート

第4章

協同学習を「任せる」

乾　倫子

01
協同学習を「任せる」

子どもたちに「任せる」のが大切だ、ということを、様々な場面で聞くようになってきています。まだまだ教師主導の一斉授業型が多い中みなさんの学級ではいかがでしょうか。もちろん、一斉授業の方が教育的効果の高いものもあると思います。

でも、全授業一斉授業をされている、という先生や「任せる」って何をどうするのだろう、と悩まれている先生方にはぜひこの章を読んでもらいたいと思います。

私は、先生になってから、基本的に教室の中のことや学習に関して、子どもたちに「任せる」を意識しながら教育に携わってきました。

先生になってから20年ほどがたつので、その時代から「任せる」をしているのは珍しかったと思います。

理由はいくつかあります。

一つ目は、初任者の時に自分の中学校区で当時東京大学名誉教授佐藤学先生の「学びの共同体」の研究がされていたこと。

これは、先生として教壇に立った瞬間に一斉授業ではなく、グループ学習や学び合いの視点をもたせてもらえた宝物の研究になりました。

二つ目は、そもそも子どもたちをリスペクトしていたこと。

私自身は学校の成績は優秀でもなく、運動は全然できません。ピアノも弾けないし、水泳もイマイチ…そんな私でしたが、ただただ子どもたちが大好きで先生になりました。

自分自身が学校生活で優秀、みたいな子ではなかったので、自分のクラスの子どもたちの中に、５分も経たずにテストを解き１００点を連発する児童がいたこと、また、前に立って話すと、わたしよりずっとまとめるのがうまい子がいたこと、体育の時間になるとどの学習でも見本みたいな動きができる子、どんな小さなことも見逃さず人のために優しい気持ちを発揮できる子、そんな各方面に素晴らしいものをもつ子たち35人の得意を見せてくれた時に、**「任せる」ことをして行けば、この子たちは私ががんばって「教える」より**

伸びる、と確信しました。

そんな私の「任せる」の中でも、今回は協同学習について振り返りながら実践をまとめさせていただきます。

一斉学習から協同学習へ

まずは、小さなことから「任せる」をしていきましょう。

教室の中で、今まではいつも通り一斉学習をしていたのに、突然「今日からみんなに任せるから好きに学習していいよ」と言うと、子どもたちは本当に好き勝手に行動してしまうことが多いです。

今まで、「〇〇しましょう」と指示をされ、その通りにしているとほめられるという体験をしてきているので、「任せる」と言われても行動できないことが予想されます。

そこを打破するためには、子どもたち自身が「自分」で「考える」練習から始めていくことがポイントです。

みなさんの学級では「先生！〇〇していいですか？」という言葉は聞こえてきますか？まずは、この言葉かけに変化が出てくるところが第一歩です。

例えば、「先生！タブレット使ってもいいですか？」と言われたとき「いいです」とか「だめです」と言ってしまうのは簡単です。

こんな時こそチャンスです。こんな風に言葉かけをして、子どもたちをつなぎ、協同学習への第一歩を踏み出しましょう。

C　先生タブレット使っていいですか？
T　自分ではどう思う？
C　え？　いい…。いや、だめ？（先生の表情から正解を得ようとするので注意）
T　まわりの人に聞いてみたら？

C　今ってタブレット使っていいのかな。
C　え、だめじゃない？
T　（この時どちらを子どもたちが選んでもＯＫする覚悟でその話を聞く）
T　いろいろな人の意見を聞いてみてね。
C　今ってタブレット使っていいのかな。
C　え、授業内容に関係あるならいいんじゃないの？
C　時間を決めたら？　何に使うの？
T　ここで決めたらみんなに有効になるからみんなが良いように結論出してね。
C　じゃあ、調べたいときだけ使います。
T　みんなで決められてよかったね。

タブレット以外にも、学校生活の中では本当にたくさんの「先生○○していいですか？」が飛び交っています。

その、すべてを「問いかけ」で答え返すことで、子どもたちは、**「正解」を求める学習**

から「自分たち」で「学ぶ」学習にスライドしていきます。

「任せる」のはここからです。

子どもたちを協同学習へとつなぐ第一歩を踏み出すために、必要なポイントは、次の２つです。

・まずは、子どもたちの質問に対して、問い返し、問い直しを習慣にすること
・子どもたちが主体性を取り戻した時からが「任せる」のスタート

02

子どもたちが問う授業へ

子どもたちが主体的に考え、行動できるようになったら、いよいよ子どもたちに授業を任せます。

最終的には問いを自分でもち、その問いに対して自分の考えを探求し、また、その問いをアップデートしたり、まわりと協働して学んだりする姿になっていくのですが、最初の段階ではこちらが問いを用意することからスタートです。

最初にその問いをオープンクエスチョンにする、ということの大切さをお伝えします。

今の授業では、答えや正解が決まっていたり、また、先生が言ってほしいことを子どもたちが察したりしながら答える、というのをよく見ます。

そもそも先生が考えている「指導案」の「子どもたちから出る意見」がある時点で、子どもたちに答えてほしい答えを先生がもってしまっているのです。

そして、子どもたちは先生の顔色を見ながら、正解を探す。

正解するのが良い、というマインドが強いから、先生も子どももそれがよいと思ってしまいます。


そういう私も、がちがちの指導案を書き、その指導案通りに子どもたちが意見を言ってくれるとホッとする、みたいな研究授業を何度も経験してきました。

自分で考えた枠の中で子どもたちがきちんと授業を進めてくれることで安心している、というのが本音かもしれません。

また、自分の想像を超える子どもたちの動きや考えを聴くことについていけなかった、というのもありました。


今振り返ると恥ずかしい限りです。

そんな中、今すぐに「任せる」授業に移行しようと、思った出来事があります。

それは、世界時価総額ランキングトップ50を見た時のことです。

平成元年では3分の2が日本の企業でした。NTTに始まり、数々の銀行、電力会社、証券会社、などなど。

私のイメージはここで止まっていて、日本の企業はすごい！と思っていました。

しかし、ここ最近業績を伸ばしている世界のトップ企業が、がらっと変わっていたのです。ランクインしていたのは、Apple、Microsoft、Google、Amazonなどで、日本の企業ではトヨタのみです。

それを知った時、率直に「これはまずい」と思いました。

そして、すぐにどうしてそうなったのかを考えました。

時代の変化に「教育が追い付いていない」ということに気が付いたのです。

携帯電話が普及し始め、スマートフォンもいまや1人1台。

時代はどんどん進んでいるのに、学校の授業は私が小学校の時とほとんど変わっていません。

この状況を打破するためには、**私たちは今までしたことのない、体験したことのない教育をしていく必要がある、**と思ったのです。

オープンクエスチョンからスタートする

例えば算数の足し算の授業です。

通常であれば１＋１＝２、１＋２＝３、のように問いを解いていく練習問題では、式と答えを反対にします。

C　足し算の授業楽しみ！得意だからね。

T　お、いいね。じゃあ答えが２になる式は？

C　え？　答えから？（正解を答えるのが良いという気持ちを崩していく）

T　どうかな？（わかるかな？ではないところもポイント。わかるできるが良いも崩す）

C　１＋１？

C　あ、０＋２もあるなぁ。

T　（全部出たと思ってもここで、まだ問いを続けることがポイント）

T　まだ、あるかな？

C　２の答えはないよね。

C　え、もしかして、１＋２－１とか？

C　引き算も入れていいの？

T　（引き算をまだ習ってなくても）引くが出てきたらまだ２になる式あるの？

C　あるある！

T　引くってなに？

C　ええとね…。

T　お、いいね。じゃあ答えが２になる式をいっぱい見つけてみて、それが２になるかみんなで説明して考えよう。

答えは一つじゃない。

習ったこと、知っていることの枠を超えていい。ひらめいていい、間違えてもいいからやってみていい。

そんな授業だからこそ、**子どもたちの自由な発想の中で、ワクワクしながら自分で進め**

ていくのだと思います。

最初は先生が様々な場面でオープンクエスチョンを出します。

答えは○○です。で答えられない問いです。

それらを続けていくことで、次は子どもたちが「問い」に答えるのが楽しいという体験を積み上げていきます。

それが、継続されてきたら、今度は子どもたちに問いづくりを任せていきます。


単元の始め、終わり、どこで問いづくりを任せるかを考えて、子どもたちから出てくる問いを共に楽しんでいきましょう。


子どもたちの考える力はすごいです。そして、子どもたちは先生の驚く顔が大好きです。

素敵な問いがでてきたら、思いっきり驚いて、みんなで解いていく体験をしてみてください。

そして、素敵な問いができるようになってきたら次は文章題づくりです。答えが2になる問題をたくさん子どもたちと一緒につくっていきます。

・りんごが一つありました。もう一つもってきたらいくつになるでしょう？
・たくやくんの家では、メダカを一ぴき飼っています。うさぎも一わ飼うことになりました。ペットは全部でどれだけいるでしょう。
・あめが5こありました。3こなめたらのこりは何こでしょう。
・空にくもが3つありました。1つなくなってしまうとあとはいくつでしょう。

などなど、子どもの発想はとても自由でおもしろいです。こうしてできた問題をタブレットで共有して、お互いに解き合います。もちろん中にはわからないものや日本語としてまちがっているものもでてきますが、それすらも学びになっていきます。

・めだかは一ぴきって呼ぶけど、うさぎは一わなんだね。
・あめを3つもなめたらたいへんだよ。

・くもを1つってどうやって数えるの？

そんなつぶやきをひろいながら子どもと一緒に学びを深めていけると豊かな授業になっていきます。

子どもが問いをもてるようにするためのポイントは、次の3つです。

・世の中の答えは一つじゃない。オープンクエスチョンを増やすこと
・最初は先生から。少しずつ子どもたちに問いづくりを任せていく
・問いづくりができたら次は文章題をつくってみる

03

自ら学びを選択する姿を目指す

子どもたちが、自分たちで問いに向かい、自分たちで正解・納得解を探し出してくるようになるには、学ぶ場所、学び方の設定も大切になります。

今までは、(今でも多いかもしれませんが)全員が座って、前を向いて学んでいました。先生の話や、前に立つ子どもたちの話を「静かに座って聞く」ことが大切とされてきました。もちろん、その方が有効な場面もあります。けれど、その授業スタイル、席の配置では子どもたちからクリエイティブな学びは生まれにくくなります。

それは、学びを「与えてもらおう」という姿勢だからです。この**「与えてもらう」を、自分から「取りに行く」に変えていく**必要があります。

まず始めることは、先生が「どこで学んでもいい」というマインドをもつことです。

私自身も初めてこの「どこで学んでもいい」ということを子どもたちと始めた時は、悩みに悩みました。

子どもたちが主体者になる前に始めれば好き勝手になり、けれど、一斉授業で前を向いて授業を進めていると主体者になりにくいからです。

なので、少しずつ自分の価値観を手放しながら子どもたちと進めていきました。

まずは、子どもたち同士が話しやすいように、机の並びをコの字型にします。

そして、私自身も前からだけではなく、横や後ろから声をかけるように意識をします。そうすることで、子どもたちは一方向からの送受信のコミュニケーションではなく、３６０度の意識が身に付きます。

この時に約束していることは、誰かが話し始めたら、その話している人の方向に体ごと向くことです。

ペアワークの時は椅子ごと隣の席の近くに動いてもいいよ、と声をかけておくと、その後自由になった時に動きやすくなるのでおすすめです。

先生自身も、教室の中で子どもたちが分散していることに慣れることができます。

好きな場所で失敗体験を繰り返そう

最初に「好きな場所で学んでいいよ」というと、とにかく主体的どころか、学びに向かえず失敗する子がたくさん出てきます。

実は、この失敗がチャンスなのです。

学校には学びに来ていること、でも、学び方は多数あり、自分に合う学び方を見つけることが大切であること、最初にそのような話を子どもたちに伝えておきます。

1人で学ぶ・ペアで学ぶ・仲間と学ぶ・それらのミックス・教科書で学ぶ・PCで学ぶ・動画で学ぶ・ノートに書いて学ぶ・ドリルをすることで学ぶ・声に出して学ぶ・聞いて学ぶ・説明して学ぶ…。

先生はそのたくさんの学び方をとにかくたくさん予想し、教室の子どもたち一人ひとりに合うやり方を予想しておくことも必要です。

もちろん、子どもたちとトライ＆エラーを繰り返しながらです。学び方は無数にあり、教科により、学年により、その子どもの今の状態により、変化していくものだからです。

このようなマインドをもって授業を進めると、次のような流れができてきます。

T　さあ、今日までに様々な学び方にトライしてきましたね。それでは、今日の授業を始めていきますよ。

C　今日の学習はなんですか？（このころには知識習得の授業なのか学び合いなのか、探究学習なのかなど自分たちなりに見通しがついているとさらによいですね）

T　今日は新しいお話にでてくる新出漢字を全部覚えよう、をします。

C　新出漢字なら一人でとにかく書きたいな。

C　友だちとやってもいいですか。

T　どう思う？（この時も問いが出たらすべて、どう思いますかと問い直し、本人やクラ

スで決定してもらいます。廊下でやる、といった子もいましたが、安全面さえクリアされれば、それもOKにしています）

C　覚えるがゴールだから覚えればだれとやってもいいんじゃないかな。

C　もう覚えている人はどうする？

C　友だちを助けたらいいんじゃない。

C　次のお話の漢字覚えていたらいいかも。

T　（とにかく子どもたちを受容し、自己決定を促してから）OK、じゃあそれぞれスタートしてね。

C　はーい。

T　（時間を決めて）では、覚えているかのテストをします。

C　テストで確認だね。よし。（テストは即採点）

T　どうでしたか？自分のやり方を分析して、自分に合っていたかを確認しましょう。

廊下で友だちと話しながらやっていた子は、全然できなかった、廊下は自分には合っていない、のようにふり返っていました。

これを繰り返すことで、自分がどの授業の時に、どの学び方が好きで得意かを見つけ、自分で決めていくことができます。

もちろん、自分で決めきれない子にはこちらが寄り添い、共に伴走していきます。

・学び方をたくさん体験し、学ぶ場所も自分で決める
・失敗をチャンスと捉え、自分で自分の学びに責任を持たせる

第5章

クラス会議・話し合い活動を「任せる」

01〜04 室根広菜
05〜10 深見太一

01

社会見学の企画・運営を子どもたちに任せる

２０２２年夏、『夢みる小学校』の映画を観ました。オオタヴィンさんが監督を務める自己決定・個性化・体験学習を重視する「きのくに子どもの村学園」を取り上げたドキュメンタリー映画です。

その映画のワンシーンに、修学旅行のプランを自分たちで話し合って決め、時間や料金の計算、訪問先へのアポ取りなどを含め、すべてが子どもたち主体で行われていた様子がありました。

もちろん、大人のサポートもところどころあったと思いますが、私はその様子に衝撃を受けました。

映画を観終わってから、同じ映画を観ていた同僚に話をし、ぜひ今年の特別支援学級合同の社会見学で、この方法を真似してやってみようということになりました。

クラス会議を活用して

今回の取り組みでは、スタートの段階で子どもたちに社会見学の趣旨や、今年度はこれまでと違い自分たちで考えてもらいたいこと等を説明し、特別支援学級に在籍する1年生から6年生までの参加者全員でクラス会議を行い、「どこに行きたい？何をしたい？」のテーマで意見を出し合いました。

その後、高学年の企画メンバーとクラス会議で出てきた意見を元に目的地ややりたいことを決めました。初めての経験をする子どもたちは、「目的地決め」の段階から「自分たちで決めていいの？」や「わくわくする」「どうしたらいいのかわからない」との様々な反応がありました。不安そうな顔をしながらも、目の奥の輝きを感じることができました。

クラス会議で出てきた意見を参考に、従来の社会見学に参加する子どもたちからは絶対に出てこない意見や考えが次々と出てきました。

それからは、週に1回の合同自立活動の時間を活用しての取り組みでしたが、社会見学までの計画を立て、話し合いや準備が間に合わないと感じた子どもたちは休み時間や放課後にも自主的に集まるようになりました。その中には、普段なかなか学校に来られない児童もいましたが、「この時間だけ！」はと、責任を持って参加することができたという素敵な現象も起きました。

本番に向けての準備

話し合いで目的地ややることが決まったら、役割分担をし、本格的に動き出しました。時間や料金の計算では、「移動でかかる時間がこれくらいあるからここには何分しかいれないな」や「昼ご飯はバイキングにいきたいから、子ども料金が安いところに決めよう」、「下校時間が少し遅くなるから、学童に連絡しないとね」などの話になりました。

目的地へのアポ取りでは、特にシナリオ等は準備せずに、自分の所属と名前、予約の時間や人数、確認事項などを伝えることを練習の段階で確認しました。しかし、細かい指導はしていなかったにも関わらず、先方からの質問には臨機応変に対応したり、しっかりとした敬語を使って受け応えしたりする姿には、私たちも保護者も驚かされました。

社会見学当日の姿

社会見学本番当日、前日からのワクワク感がさらに高まり、集合時間前にほとんどの子が揃い、バスに乗るのを楽しみにしていました。バスやモノレール乗車時には、他の利用客もいる中、パニックになったり迷惑をかけたりするような子はおらず、臨機応変に対応していました。一番楽しみにしていたお昼ご飯のバイキングでは、お店の方に褒められるくらいのマナーの良さでした。移動や支払いなどは全て前もって決めていたペア（高学年と低学年など）で行動していたため、高学年がリードしたり、教えたり、注意したりする場面が多く見られました。ほとんど大人の出番がないほどでした。

全ての計画を無事終えてみんなが笑顔で帰ってこられたのも、**自分たちで決めて、自分たちで準備して、自分たちでつくり上げてきたものだったからだ**と、改めて自分たちで企画・運営させる良さであることを実感しました。

思い付きから始めた取り組みでしたが、子どもたちに任せることの大切さを実証する良い取り組みになったと思います。後日談にはなりますが、全身全霊を使い切った6年生が翌日たくさん欠席したのも、微笑ましい出来事です。

02

自己評価・ふり返りを子どもたちに任せる

学級目標をもとに課題を考える

5年生の1学期が終わりを迎える頃、学期の反省として自分たちの姿をふり返る機会がありました。

学級目標をもとにふり返りをし、レベルアップが必要だという結果になり、目標の項目ごとに基準を決めてそれぞれ毎日の出来具合をチェックしていくのはどうかという意見にまとまりました。

さっそく、2学期から「レベルアップ大作戦」と題して、取り組みがスタートしました。

次のような基準が具体的に決まって、Aが20ポイントたまったら宿題（けテぶれ）パス券と交換できる仕組みにしようということになり、毎日、帰りの会までに自己評価をしてから帰ることになりました。

発表のＡＢＣ　Ａ：１日５回　Ｂ：１〜４回　Ｃ：０回
けテぶれのＡＢＣ　Ａ：ていねい　Ｂ：ふつう　Ｃ：４年生以下レベル
ポジティブのＡＢＣ　Ａ：ベスト３に入る　Ｂ：ふつう　Ｃ：マイナス発言多い
やさしさのＡＢＣ　Ａ：ベスト３に入る　Ｂ：普通　Ｃ：いじめる
ペロリのＡＢＣ　Ａ：おかわり　Ｂ：完食　Ｃ：残す
チャレンジのＡＢＣ　Ａ：今日のめあて達成　Ｂ：ふつう　Ｃ：注意させる

自分たちで決めたからこその効果

「レベルアップ大作戦」が始まってからというもの、子どもたちの１日の過ごし方が格段に良くなりました。自分たちで決めた基準を自分たちで評価し、それが認められる仕組みは毎日の生活の質を向上させたのです。ただ何となく過ごしていた学校生活にメリハリがつき、その都度自分の行動を確認する姿がたくさん見られました。

保護者を巻き込んで

子どもたちの変わった姿、頑張っている姿を保護者にも伝えたいと思い、学級通信などにも載せましたが、もう少し保護者を巻き込めないか考えました。

そこで、毎日の自己評価を終えた用紙を毎週末持って帰り、保護者から励ましのコメントをもらってくる仕組みにしてみました。

2学期を終えて

2学期が終わる頃、ある子が「Aポイントをもらう項目が偏っている人がいるので、全体的なレベルアップにはなっていないように感じます」との意見を出しました。

その意見に対し、どうしたら全体的に頑張ることができるかと全体に問うと「6項目がすべて5ポイントたまったらご褒美がもらえるようにしたらどうか」との意見が出てそれが採用されました。これまで取り組んでいた「レベルアップ大作戦」から6年生に向けての「ジャンプアップ大作戦」と題しスタートすることになりました。

２つの作戦をふり返って

３学期の「ジャンプアップ大作戦」では、日ごろ発表を頑張れない子に声かけしなくても、自主的に頑張る姿や、ポジティブな会話が増えるなど、すべての項目を意識した姿が多くみられるようになりました。このように、普段やっている学期のふり返りを子どもたちに委ねることで、自分たちの意見が採用されたり、自分たちでご褒美を考えることができたりと子どもたちは前向きに捉えることができました。途中でも述べたように改善点も自分たちで考えることで、明らかにクラスの雰囲気や声かけが変わりました。

この取り組みについての保護者からの感想

学年が終わる頃に親子で答えるアンケートを作成し、今回のふり返りの取り組みについての感想を書いていただきました。一部ですが、以下に紹介します。

・自分で評価することで頑張っていることやダメなところに気づくことができていいと思います。

・学校でのことと家でのことを知ることで親として客観視できて楽しかったです。

03
自分たちの課題を自分たちで改善する

「めざせ、かっこいい3年生」と題した取り組みを学年で行うことにし、まず始めに各クラスでクラス会議を開いて、「このクラス（学年）のいいところ」や「かっこいい3年生になるためにがんばること」をみんなで考えました。その時は、次のような意見が出てきました。

■このクラス（学年）のいいところ

・協力できる　・笑顔がいっぱい
・あいさつ上手　・ふわふわ言葉を使う
・あきらめない　・行動が早い
・元気　・悲しいときになぐさめてくれる
・優しい
・「遊ぼう」って言ったら「いいよ」と言ってくれる

他

■「かっこいい3年生になるためにがんばること」

・給食を静かに食べる　　・1、2年生に優しくする
・廊下は右側を歩く　　・自分の考えを進んで発表する
・トイレのスリッパを並べる　　・課題を朝のうちに終わらせる
・給食の準備を早くする　他

教師側から伝える良い点や課題点ではなく、子どもたちから出てきた課題に着目することが大切だと考えます。そうすることで、自分事として捉え、目的意識や意欲の向上に繋がります。

改善する行動とその手立てを自分たちで考える

改善点として「給食の時間」について多く意見が出ていたので、最初に「給食の時間」について改善していこうということになりました。

「早く食べ始めたい」「完食したり、おかわりができるようになりたい」「みんなで協力して給食準備ができるようになりたい」という意見をまとめて「給食の準備時間を早くす

る」という目標に決まりました。

目標が決まったら、どうしたら早く準備ができるかの作戦会議をグループで行い、意見を出し合いました。

■作戦会議で出た意見

・4時間目が終わったら、すぐに手を洗ってエプロンに着替える
・エプロンを先に机の横にかけておく（すぐ取れるように）

・みんなが心を一つに頑張ろうとする　・給食当番が配れるように準備をしておく

・声をかけ合う　・自分が一番を目指す　・手伝う　他

自分たちで手立てとなる課題改善のためのアイデアを元に、実際にその日から、作戦を実行することにしました。

普段は、4時間目終わりの号令から、給食当番の出発までに5分以上かかり、「いただきます」のあいさつまでに20分程度かかっていました。

しかし、この作戦会議をしてからというもの、子どもたちの言動に変化が見られ、当番

の出発までに１、２分、食べ始めるまでに１５分前後に準備時間を短縮することができました。

この日から毎日記録を取り、掲示したことで、時間を気にする様子や記録更新をしようと意気込む様子が見られるようになりました。取り組みから２週間を強化週間としましたが、その後も継続して取り組む姿が見られました。

自分たちの行動に価値を持たせる

強化週間を終えた直後に子どもたちに取り組みをして感じたメリットを考えてもらいました。実際に時間が短くなったことだけに着目させず、自分たちが取り組んだことで出てきた成果を感じてもらう機会を与えることで、「これからも続けたい」や、「他のことにも挑戦してみたい」という声を聞くことができました。教師からのトップダウンの取り組みではなく、子どもたちに委ね、その行動や結果に対しポジティブなフィードバックを行うことで、達成感も感じたようでした。

この経験を通して、自分たちの可能性を信じ、仲間とともに協力して成し遂げる喜びを味わうことができたことも、今後に生きると信じています。

04

席替え・当番決め・掃除の時間を子どもたちに任せる

これまでの反省を踏まえて（席替え）

毎年同じように行ってきた月に一度の席替えに苦労していた時期がありました。教師が考えた指定の席にしたり、くじ引きにしたり、色々やり方を変えて実施してきましたが、一生懸命考えた席が予想と違ったり、子どもたちから不満が出たりしていました。そこで何かいい方法はないかと考えていた時、子どもたちから、「自分たちで決めてみたい」との要望があり、信じて任せてみることにしました。

級長や副級長と事前に話し合いルール（条件）を決めました。

以下の４つの条件をクリアし、与えられた時間の元で話し合いをベースに席替えを行いました（条件を守れない場合は、教師側から指導を入れることを確認しています）。

①授業に集中できる　②けんかやトラブルがない
③みんなが納得する　④視力が悪い人には配慮する

席替えをした結果

話し合いも順調に進み、初めての「自分たちで決めた」座席配置が出来上がりました。条件を定めていたこともあって、特にトラブルもありませんでした。

子どもたちは自分たちで決めたことへの充実感や期待感に溢れていたように感じます。すべてを丸投げしたわけでなく、理由を明確にして条件を与えたことにより、トラブルや授業中のおしゃべりの予防になったのでしょう。結果的に、評判も良かったのでこれ以降の席替えでも同じような方法で行うことになりました。

給食当番や掃除当番決めも任せてみた

席替えと同様に毎月決めていた当番のメンバーですが、席替えを任せたのと同じ時期に給食当番や掃除当番も子どもたちに決めてもらうことにしました。

条件は席替えの時とほとんど同じにし、給食準備や掃除時間をみんなで協力して終わる時間が早くなるようにということを目的に行ったため、これまでは教師から監視された中で受動的に行っていた当番活動も、**自分で決めた相手と自分で決めた内容（担当や場所）を行うというだけでモチベーションも変わり**、これまで行っていた声かけや指導が格段に減りました。

希望の相手や内容でなかった子も、条件にあるように話し合いの結果納得してからの活動なので、ほとんどの子が前向きに活動できていたように感じます。また、翌月への期待や希望もあったので納得度は上がっていました。

話し合いの時間が必要になりましたが、結果的に、任せたことによってのメリットが大きかったので、文句を言う子はほとんどいませんでした。教師側の当番決めに割いていた時間や活動内容への指導が減り一石二鳥の実践でした。

掃除時間は縦割り班活動に

離島の超小規模校（全校児童計20名弱）に勤務した時の話です。掃除の時間は1年生から6年生の全児童が集まり、高学年のリーダーを筆頭に1チーム4、5名で構成された縦割りの班で活動をしていました。

掃除を始める前と終わりにはミーティング形式での話し合いを行っていました。内容としては掃除箇所の確認や仕上がり具合の確認、引き継ぎ事項などが主ですが、確認する内容も班長に任せていました。班長を任せることで、責任感をもち、主体的に取り組むことができていました。

教師はというと、その現場に立ち会い、掃除当番の一員として働いていました（人手不足のため）。

ほとんどの学校では、予め決められた担当の場所を、当てはめられた人たちで決められた時間内に掃除を進める時間になると思いますが、先程述べた方法では、一人ひとりが構成員として役割を果たし、大人の手を離れて目的を持って活動することが出来ていたと思います。

また、縦割りの班になっていたことで、責任感や互いの関係性向上にも役立っていたように感じます。

05

クラス会議で
トラブル解決を任せる

クラス会議とは、アドラー心理学がベースとなった話し合いの手法で、主に特別活動の時間に取り組まれるものです。

私自身、小学校で10年間実践してきて感じたことは、子ども同士で話し合いを行ったほうが、トラブルの解決が早く効果的であるということです。

なぜ早く効果的に解決できるのか。それは、

- ・トラブルが小さい内に見つけられる
- ・当事者同士の感情を共有できる
- ・クラス全員が問題を認識できる

からです。

以下に説明をしていきます。

トラブルが小さいうちに見つけられる

教室の中にはたくさんの問題が起こります。30人の子どもが毎日長時間一緒に過ごせば当たり前のことです。と同時に、先生にはわからないように問題を起こします。わざわざ先生に注意されるような問題は起こしません。靴を隠す。消しゴムをちぎる。友だちに嫌なことを言う。そういった問題の数々は、できるだけ秘密裏にばれないようにする。それが子どもです。もちろん先生も一生懸命子どもを見るようにします。ちょっとした変化に気づけるよう、意識を張り巡らせ、できるだけ問題を見つけるようにします。けれども30人の子がこっそり起こす問題のすべてに気が付くのは限界があります。

クラス会議では、議題解決箱というお悩みを入れる箱を教室に設置します。議題解決箱はいつでも受付可能で、子どもは困ったことがあればすぐにお悩みを提出することができます。これがポイントで、ちょっとした困りごとを紙に書いて提案することができます。

さくら：Aちゃんと話していると、BちゃんがAちゃんを奪ってくる。

これは以前クラス会議のお悩みとして出されたものです。私は議題提案用紙を見るまでこの悩みにまったく気づいていませんでした。つまり、クラス会議がシステムとして教室に存在することによって、トラブルが可視化されたのです。その後クラス会議の議題として、話し合いをして、問題がクラス全体に共有されました。その後同じトラブルは起きませんでした。さくらさんの保護者にこの話をすると大変感謝されました。

クラス会議がなかったと仮定します。さくらさんは友だちを奪われるということで困っています。けれども相談する先がないので、ある程度我慢します。我慢の限度が超えたところで、家の人に相談をします。家の人は困っているさくらさんの様子が心配になり先生に話をします。「先生うちの子がこんなことで困っているのですが、ご存知ですか？」と聞きます。先生はトラブルの存在を知らないので「ごめんなさい気づいてなかったです」と答えます。家の人は、こんなにもうちの子が困っているのに知らないなんて、と不信感をもつことになります。

同じトラブルですが、子どもが自分から打ち明けてくれるかどうかによって結果がまったく違うものになります。トラブルは小さいうちに対処する。まずは問題を明らかにすることから始まります。

当事者同士の感情を共有する

先ほどのさくらさんのトラブルを例に考えます。先生が解決しようとすると、さくらさんから話を聞いて、Bさんに注意をして終わる。これが一般的な解決方法でしょう。けれども、大切なのはさくらさんとBさんの感情の共有です。これをないがしろにすると一見解決しても、同じ問題が再発しやすくなります。

T　さくらさんが何に困っていて、どんな気持ちだったのか話してみて。
さ　友だちと話したいのに取られてしまって悲しいです。
T　わかりました。みんなに何を考えてほしいですか？
さ　どうしたら友だちを奪われないかを考えてほしいです。
T　では、みんなでどうしたら良いか考えましょう。

これがクラス会議の最初の場面です。さくらさんがどんな気持ちだったのかを、みんなに伝えてもらうことで、感情の共有をします。そうすることで、解決策を一生懸命考えることができるようになります。

Bさんが今回は加害者になりますが、Bさんの名前は出さずにクラス会議を行います（Bさんを責める会議にならないための配慮です）。なので直接Bさんの気持ちを全員に伝えることはしませんが、代わりになんで友だちをとってしまうのかを、他の子たちが考えます。これも大切なことで、取ってしまう子の思いや理由を想像することで、自分ならどうするかを考えることに繋がります。

話し合いを終えた後にも、さくらさんの気持ちを全体に伝えます。「困っているが解決しそうで嬉しかったです」と伝えることで、クラス全体の他者貢献感を育むことができます。他者貢献感を育むことで、人の役に立てたと感じることができ、貢献の連鎖が教室の中に生まれていくのです。

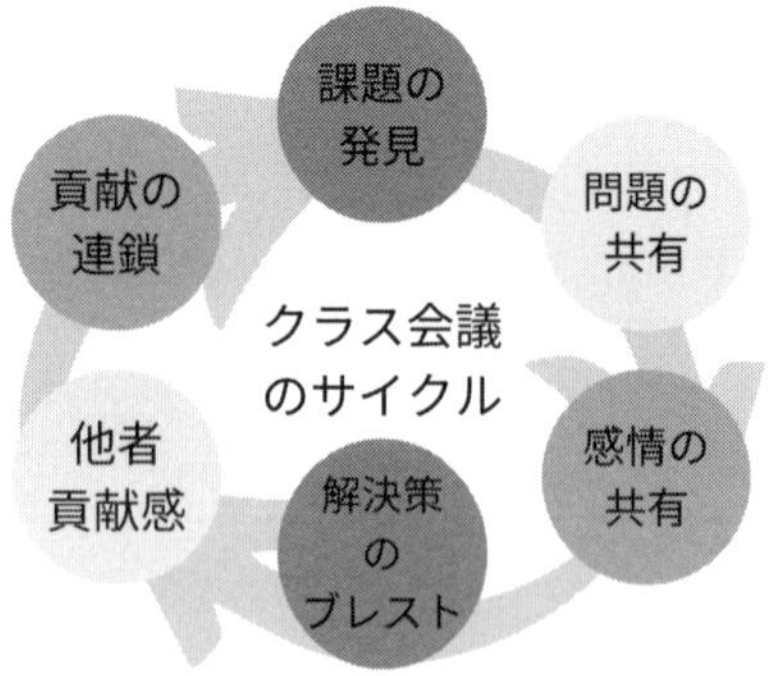

クラス全体で問題を認識できる

先生が当事者を呼んで話をする。こうすると確かに早いですが、問題を知っているのは先生とさくらさん・Ｂさんの３人になります。同じような問題が起こりそうになっても知っている人が少ないと、問題を見つける人・止める人がいないことになります。

クラス会議で全体に共有をしておくことで、同じような問題が起こりそうな場合に、問題を見つけてくれる子、間に入って止めてくれる子、さくらさんの気持ちを聞いてくれる子、先生に伝えてくれる子、Ｂさんの気持ちを聞いてくれる子など、関係する子の数が多くなります。そうすると再発を防止したり、問題が起こっても自分たちで解決したりできる確率が数倍上がります。**これがまさに「任せる」の第一歩**なのです。

先生一人で問題を抱える。困っている子だけで問題を抱える。これでは孤軍奮闘になります。一人で問題を抱えるとどうしてもネガティブな面が出てきやすくなります。

06

心理的安全性を高めて任せる

心理的安全性とは、Googleをはじめとした、世の中の企業が注目している考え方であり、「良い結果を残すチームや組織は必ず心理的安全性が高い」という研究結果も残されています。

失敗しても大丈夫と思えると、人は挑戦しようと思えます。反対に失敗したときに、非難されるチームでは人は挑戦しようと思えません。

ではどうすれば心理的安全性を高めることができるのでしょうか？　次の3つがヒントになります。

・自己開示をする
・なんでも言い合える関係をつくる
・お互いの違いを受け止める

自己開示をするには

教室に一緒にいれば勝手に仲良くなるのではありません。一部のグループや、今まで仲の良かった子同士は一緒に過ごしますが、新しく一緒のクラスになった子や男女はなかなか親しくはなりません。まずは小さな自己開示を行うことで、お互いのことを知り合います。クラス会議では、ハッピーサンキューナイスというプログラムを最初に行います。これは、その日にあった嬉しかったこと・感謝したいこと・いいねと思ったことを全員にシェアをする活動になります。

Ａ　給食にからあげが出て嬉しかったです。
Ｂ　今日は宿題がないからラッキーです。
Ｃ　Ｄちゃんにスカート可愛いねって言われて嬉しかったです。
Ｄ　家に帰ってマインクラフトができるから嬉しいです。
Ｅ　Ａ君が消しゴムを貸してくれてありがとうと思いました。

こんな形で、それぞれの感じたことをシェアします。自分の思っていることなので無理のない範囲で自己開示が始まります。お互いの良いところをシェアするので関係が良くなります。そして普段は話すことのない子同士が共通の話題を見つけるので休み時間に勝手に話し始めます。

なんでも言い合える関係を築く

「なんでも思っていることを言ってね」と言っても、子どもはなかなか言えません。まずは先ほどのハッピーサンキューナイスに定期的に取り組むことで、自己開示をしていきます。次にお互いの悩みを相談できる関係づくりをしていきます。これもいきなり重たい相談をするのではなく、宿題がやりたくない、朝起きられない、などの、「困っているけどわざわざ相談するほどではない」小さな悩みをみんなに相談していきます。

小さな悩みをどんどん吐き出し、それを解決することによってなんでも言い合える関係をスモールステップで築いていけるのです。

お互いの違いを受け止める

「違いを認める」これもとても大切な考え方です。

道徳の授業を行い、何かトラブルがあるたびに先生が話をしてもなかなか違いを受け止めるというのは難しいです。職員室を見てもできていない先生がほとんどなのに、子どもにそれを求めるのも酷な話です。けれども違いを受け止められるような働きかけは必要です。

まずは感じていること、思っていることを本音で話せるようにしていくこと。お互いの自己開示を繰り返すことで、お互いのことを良く知り、受け止める土壌をつくります。そして悩みの解決を促すことで、なんでも言い合える関係をつくっていきます。

任せるためには、子ども同士の関係が良くないとうまくいきません。関係は自然に良くなるものではないので、こちらがうまくマネジメントをして、関係改善に努めていきます。そのために、自己開示やお悩み相談といったプログラムを用いることで、子ども同士が繋がり、関係を良くしていき、お互いの違いを受け止められるように導いていきます。

07

悩みを話すことで関係性を構築する

人に悩みを打ち明けてほっとした経験はありませんか？小さな悩みでも、人に相談することで、悩みを一人で抱えなくて良くなるので、モヤモヤしていたものがすっきり晴れます。悩みを可視化することで、どこから手を付けていけば良いのかがわかるのです。もう一つ、人に説明するためには、悩みをわかりやすくする必要があります。何が嫌なのか。どこを直してほしいのか。どうなると楽になるのかをまずは自分が言語化することで、悩みに対して俯瞰して考えることができます。

モヤモヤのなかにいるときは、霧の中にいるようなもので、前が見えません。けれども、モヤモヤを上から一旦眺めることで、どちらに進めばいいのかがはっきり分かります。これが人に悩みを相談する一番のメリットになります。話すことは離すことになり、自分と悩みを一旦分離することができるのです。ポイントは次の3点です。

- ・悩みを人に打ち明けることで可視化する
- ・人に話すためには一旦整理する必要がある
- ・悩みを相談し合える関係性の構築を目指す

相談したい相手とは

皆さんに悩み事があった時、相談したい相手はどんな人ですか？　受容してくれる人、話を黙って聞いてくれる人、共感してくれる人。そんな相手に話をしたくないですか？

子どもたちもまったく一緒で、悩みを打ち明けた時に「それは違う」と反対意見を言われたり、鼻で笑われたりする相手には二度と相談をもちかけないでしょう。

A　宿題ができなくて困っています。

B　なんでできないのか詳しく教えてください。

A　家でネコを飼っていて、宿題をしようとすると邪魔をしてきます。

C　ネコは家の中で放し飼いになっているのですか？

A　そうです。プリントの上に乗ってきます。

D　ネコを面倒見てくれる人はいないのですか？

A　お母さんが見てくれるのですが、夕方はご飯をつくっています。

こんな形で、自分の悩み事をシェアします。どんなことに困っていて、何を相談したいのかを、質問をされながら明らかにしていきます。

その際に、同じような悩み事を解決してきた子たちからアドバイスをもらったり、悩みに共感してもらったりすることで、次第に悩み事がすーっと軽くなっていきます。

スモールステップで関係を構築する

教室の中で良い関係を築いてほしいと思っていても、具体的な手立てを打つのは難しいです。人によって良い関係の基準は違うので、それを教えていくのも大変です。だからこそ、お互いに悩みを打ち明けて、解決していける関係であるかどうかは、一つの指標となるでしょう。

相談し合える関係が構築できた先に

教室のあれこれを任せようとした時に、関係が悪いままでは先に進めません。ぎくしゃくしている同僚と一緒にやる仕事がうまくいかないのと同様に、教室の中でぎくしゃくしていれば、何を任せてもうまくいきません。ですからまずは、関係性の構築を目指します。関係性を構築するのに、一番早いのは一緒に困難を乗り越えることなのです。けれども、教室の中で起こる問題だけだと、いつ起こるのか分かりません。誰が関わるのかも偶然性に左右されます。たまたま一緒に乗り越えた仲間であれば、関係性が構築されますが、そうではないと、いつまで経っても良い関係が築けないこともあるのです。ですから、クラス会議を週に一度行うことで、毎週困難を乗り越える時間を設定します。教室内の問題だけでなく、家庭で起こる問題や、プライベートで起こる問題も良い材料として、みんなで解決策を考え、一緒に乗り越えて行ける関係を構築していくのです。

何かを任せる前に、まずは良い関係性を構築することが実は鍵なのです。

08

道徳よりもクラス会議が効果的な理由

人の心を耕すというのは本当に難しいです。15年間小学校教員をしてきて、人の心にアプローチしたり、心の成長を支えたりする難しさを毎年感じていました。算数であれば、公式を覚えたり、練習問題を解いたりすればできるようになります。けれども、人に優しくすることに関して、公式もなければ、こうすれば優しくしたことになるというモデルを示すのも難しいのです。

道徳の授業の中で、優しさに関して考えてみたり、教材の中でどうしていくのかを話し合ったりすることもしますが、それによって行動の変容をもたらすのはほんの一部です。そもそも優しくしたいと思っていない子に、優しさを考えさせるというのは、お腹の減っていない子に、ご飯を無理やり食べさせるようなもので、困難さがつきまとうのです（もちろんあなたの授業が残念なのですという突っ込みは甘んじて受け入れますが…）。

クラス会議が効果的なのは、目の前で困っている子が悩みを打ち明けるので、悩みを解決する必要性が生まれるところです。教科書の中の架空の話を考えるのではなく、目の前で起こっているリアルなドラマが教材となるので、一生懸命考える子が増えます。それだけなく、週に一度クラス会議を行うことで、前の週自分の悩みをみんなが解決してくれたから、今回は自分が相手の役に立とうという、他者貢献感が育まれていきます。この連鎖が、クラスの中に好循環を生み出し、助け合いのできる環境をつくり出すのです。次の３点を押さえておくと良いでしょう。

- 心を耕すのに公式はない
- 遠くの教材より、目の前の困っている子
- 他者貢献感の連鎖が、クラスに助け合いの好循環を生み出す

プライベートな悩みこそ話し合う価値がある

今までクラス会議を実践してきて、管理職からクラス全体の課題を話し合う方が価値が

あるのではないかと言われたことが何度もあります。学級会のイメージで、個人的な悩み事を相談するのはふさわしくないのではないかという指摘です。

けれども実はまったく逆で、個人的なことを相談できる関係性にこそ価値があるのです。

そもそも「掃除をしっかりしよう」とか「自習時間に静かに学習しよう」というテーマは、先生が話し合ってほしいテーマであり、子どもたちは実はそんなに話し合いたくないテーマかもしれません。

もちろん解決していくと良い課題ではあるので、先生の悩み事としてクラス会議の議題に上げることはとても良いです。けれども毎回そんなテーマばかりで話し合っていては、子どもたちはなんのためにクラス会議をやっているのかわからなくなります。

理想は、いろいろと話し合いをしていく中で、子どもの中からクラスの課題が出されるようになっていくこと。

そうなってくると、先生発信ではなく、子ども発信でクラスの課題を解決していけるクラスが出来上がっていきます。

お兄ちゃんに悪口を言われる

「お兄ちゃんに悪口を言われる」という議題で話し合った時の板書の画像です。

　クラスの中にたくさん共感してくれる子がいて、同じような悩みがほかの子にとっても切実だということが分かります。たくさん解決策が出ましたが、最後に決まったのは「味方をつける」というものになりました。そして、そこには同じ思いをしている友だちでもＯＫという声も上がりました。

　つまり、共感できる仲間がいることで、お兄ちゃんに悪口を言われても乗り越えていけるということなのです。このような関係性を、クラス会議を通してつくっていけると良いですね。

ハッピー会議

議題

お兄ちゃんに悪口を言われる

解決策

○いかりを自分で伝える
○むしする。聞こえないふり
○他の遊びをする
○自分の部屋へ
○すぐに大人に伝える
○親の近くにいる
○朝伝える
○味方を付ける。ともだちに相談

09

あたたかい教室で話し合いを任せる空気をつくる

人と人との境目がはっきりある状態。あの人と自分は違うからと、分けて考えるとどんな問題も解決は難しくなります。もちろん別の人格であり、すべてが一緒ということはありえないですが、相手の気持ちになって考えるためにも、まずは同じ空気になる必要があります。

そう言われましても…、というみなさんの反応もよくわかります。子どもと同化する訳にもいかないですし、子ども同士仲良くなってほしいなとは思いつつも実際にどうしたらいいのかわかりません。でも一つだけとても簡単な方法で、氷と氷の状態から、空気の状態にできる方法があります。それは教室をあたためるということです。どうしたら教室をあたためることができるでしょうか？　みなさんの教室はあたたかい空気が流れていますか？

だれかが失敗した時、みんなで責めるのではなく、フォローしたり励ましたりするクラスになっていますか？　休んでいる子の机の上にプリントがばらばらになって置かれてないですか？　泣いている子がいたら「どうしたの？」と駆け寄る子が何人いますか？　こういったことはあくまで目に見える現象の一つですが、教室全体にあたたかい空気や雰囲気が流れているのかじっと観察してみてください。

まずは先生があたたかい雰囲気をつくり出すこと。朝は笑顔で子どもたちの前に立ち、トラブルがあっても笑顔で乗り越えようとし、困っている子がいたら真っ先に駆けつけることができていますか？　いきなり全部をやろうとしても難しいですが、少しずつあたたかい空気をつくり出すために動いていくことを心掛けましょう。先生は子どもたちのモデルになります。先生ができていないことを子どもたちに求めるのは無理があります。まずは率先垂範を目指します。３つのポイントを押さえ、読み進めてみてください。

- 教室をあたためて、氷を溶かしていく
- 子どもの姿から、いまどんな状態にいるのかに気づく
- まずは先生がモデルを示すことで子どもたちの手本となる

たくさん笑う・たくさん遊ぶ

どうやって教室をあたためるのか。一番簡単な方法はみんなで笑うということです。

笑顔には人を元気にしたり、人の心をあたためたりする力があります。だからこそ、笑いのある教室はとても安定します。逆に考えると、安定している教室だからこそみんなが笑えるということも言えるのです。

子どもたちは学校での笑いに飢えているので、ちょっとした言い間違いなどでも笑ってくれます。先生がボケても突っ込んでくれます。

また、笑わせるのが得意な子も教室にはたくさんいます。その部分を任せていけば良いのです。帰りの会の5分を子どもに任せるだけで、コントをしたり漫才をしたりとたくさん笑わせる工夫をしてくれます。

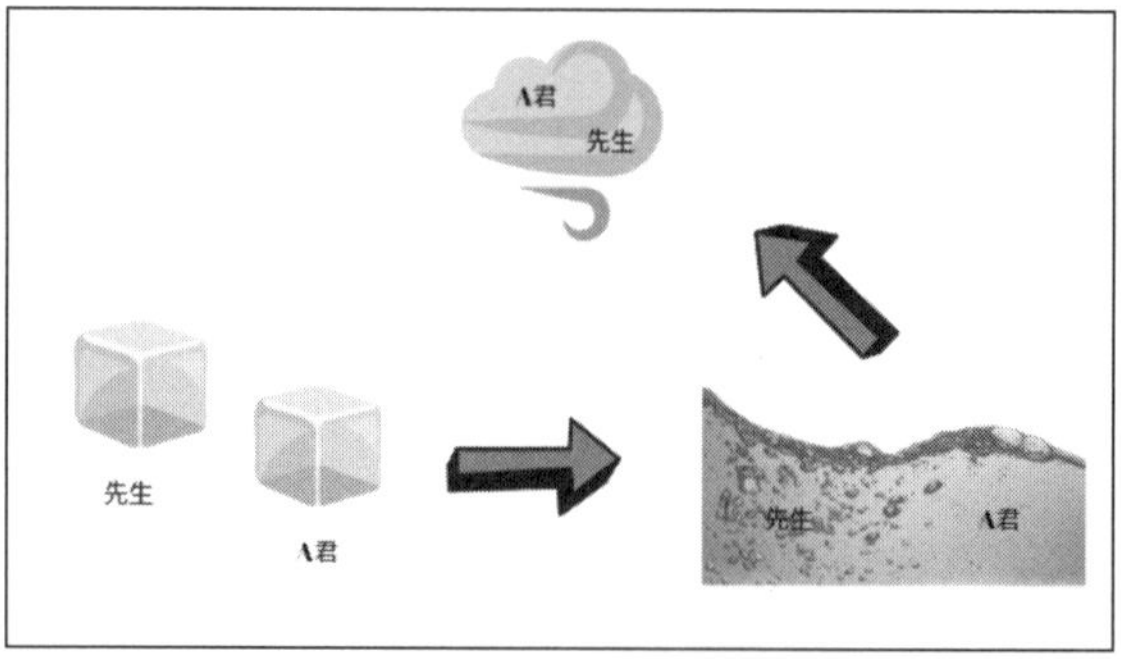

絵本を図書室から借りてきて読むだけでも充分笑いに包まれます。たとえば、ヨシタケシンスケさん、鈴木のりたけさん、長新太さん、鈴木翼さんの絵本は鉄板で笑えます。国語の授業の最初の5分で読んだり、月曜日の朝の会で読んだりするのもとても効果があります。

アイスブレイクなどをしてたくさん遊ぶのもとても良いです。ゲームやワークの中でたくさん失敗をすることで、お互いに許せる環境をつくっていきます。失敗しても笑顔で「ごめん！」と言える環境を、ゲームを通しながらあらかじめつくっておきます。「心理的安全性」の項目で述べた通り、失敗を許容される集団では、チャレンジしようとする子が現れます。この効果が、子どもたちに任せる段階になってたくさん効いてくるのです。

アイスブレイクは授業開始5分で行い、休み時間と授業との切り替えに使うと良いでしょう。これを長い休み時間の後で行うことで、授業に遅れてくる子も驚くほど減っていきます。慣れてきたら、アイスブレイク自体を子どもに任せることも可能になっていきます。

10

クラス会議を
やろうとするだけで

クラス会議に上手く取り組めている先生とそうでない先生の一番の違いは、子どもに任せようとしているかどうかです。初期段階では、先生がすべて決めてしまったほうが効率はいいです。時間がない中でいろいろなことを決めないといけないので、先生がバシバシ進めた方が数倍早いです。しかし、子どもたちの成長を考えると、子どもたちに任せていく方が結果的にはうまくいきます。

子どもたちは何のために学校に来ているのか、改めて考えてみます。様々な答えがあると思いますが、私は人と関わることが楽しいということを学ぶためだと考えます。知識を積み上げるだけなら、タブレットを使って家で学ぶことも、塾で行うこともできます。学校の最大の魅力は、多様な人と関わることができる。様々な考えをもっている人がいることを知る。そんなところに集約されていくのではないでしょうか。

子どもたちには力がある

そのように考えることができる先生は、積極的にクラス会議をやろうとします。子どもたちが自分で話し合って解決するなんて無理だと思っていると、クラス会議には手を出せません。まずは子ども観が試されます。そして本当は子どもたちに力があることを先生たちは知っています。

以前、元サッカー日本代表の岡田監督が2022年3月に開催したセミナーに参加したことがありました。そのセミナーで岡田監督は、「人生の価値は俺たち私たちと呼べる範囲を広げて行くことだ」とおっしゃっていました。

つまり、自分と同じくらい大切と思える人たちの数を増やすことが人生の価値に繋がるということです。

先生であればできるだけたくさんの子どもを私たち目線で大切に思いたいですね。となると、子どもに対する接し方も変わります。その上で子どもには力があると信じていきましょう。

自己決定する余白を残しておく

クラス会議を始める前に留意しておきたいことがあります。それは、「子どもたちが自分たちで決める」ということです。

T　問題が起こった時に先生が解決するクラスと自分たちで解決するクラスどっちがいい？

C　自分たちで解決したい。

T　わかった。それならクラス会議っていう方法があるんだけどやってみる？

C　うん。やってみたい！

T　じゃあやり方を伝えるね。

こんな感じで導入をしていきます。

いきなりクラス会議やるよ！という形で始めてしまうと、うまくいかなかった時に先生に責任を押し付けるようになります。

だからこそ、最初に子どもたちが自己決定できるように問いかけることが大切なのです。

自己決定は子どもたちに任せるときの大切なキーワードになります。自分でやろうと決めたことは、苦労も乗り越えられますが、人から押し付けられたことは、嫌なことや辛いことが起きると言い訳や愚痴が生まれてきます。だからこそ、初期の段階で自己決定をしてもらうことが必要になるのです。

いろいろなことを任せる時にも、必ず「やってみる？」と問いかけてから始めます。問いかけをすることで、イエス・ノーの選択が生まれ、そこに自己決定する余地が出てきます。

先生から言われるとやらなくてはいけないことであると思ってしまう子も中にはいます。だからこそ、任せる＝押し付けることにならないように、問いかけをした上で任せていきましょう。

第6章

一人一台端末の運用を「任せる」

二川佳祐

01

情報の得方を任せる

　一人一台端末が整備されて子どもたちの学習の自由度は高まりました。今までは調べるにしてもまとめるにしても、使えるものは限られていました。情報を得る手段といえば、本や辞典、辞書などが多く、読みたいものが重なれば知りたいものに自由にアクセスすることができませんでした。しかし、一人一台端末が来てからは、ウェブ上で探すことができるようになったり電子辞書・ウェブの百科事典で調べることができたり、情報も文字だけではなく、画像、動画などから得られるようになりました。

　こうなってくると、全員同じ形で情報を得るように指導することには限界がきます。一人ひとり特性は違うからです。文字から情報を得るのが得意な子もいれば、画像、映像の子もいます。アナログが好きな子もいれば、デジタルの方が慣れ親しんでいる子もいます。私たち大人でも、読書はデジタル派・アナログ派が別れますし、スケジュール管理も手帳でする人もいれば、Googleカレンダーを使う人もいます。人によって合う合わないがあります。それは子どもたちも同じで、子どもたちにその選択を委ねてみましょう。

ただし注意しなくてはいけないことが2つあります。

①子どもはデジタルの方に流れやすいこと

これは子どもたちの毎日の生活を想像してもらうとイメージしやすいかもしれません。毎日家に帰ると、多くの家庭ではタブレットが一台あったり、ゲーム機器があったり、家庭によってはＡＩスピーカーに話しかけたり、スマートフォンを持つ小学生も年々増えています。子どもたちにとっては、本や紙の媒体はもはや「非日常」的なものになっていて、デジタル機器の方が「日常」な状態です。

私たちだってそうでしょう、一日過ごしていて本や新聞に触れる時間よりもスマートフォンなどに触れている時間の方が圧倒的に多いと思います。だから子どもたちはなんでもありの状態にするとデジタルに流れがちです。その方が「速い」からです。

ですが、情報を得るのにその方法だけしか知らないというのは寂しいことです。本や図鑑だからまとまっていたり、深い情報が得られたりすることが多々あります。だから私が調べ学習などをさせるときは、年度のはじめは特に指定をします。「今日は図鑑や本だけで調べましょう」ということを話してから活動を始めさせます（もちろんそれに見合うだけの資料の数があることが前提条件です）。そういったことをわかった上でデジタルの選択肢を与えていくことが、僕は大切だと考えています。

②少ない選択肢を選ぶ経験を複数回してから行うこと

①にも関係してくることですが、選択は経験したものの中からしかできません。想像してみてください。例えば「何が食べたい？」と子どもに聞くと、「ラーメン」とか「カレー」とかそういったものが出てくると思います。ここで「トムヤンクン」とか「ピロシキ」とか出てくることは多くないと思います。子どもは食べたことがないものは選択することはできないのです。つまり何が言いたいかというと「やったことがないことは選択肢に挙がらない」ということです。子どもに選択をしてもらうためには一つずつ経験をさせていかなければならないのです。

まずは①のように、アナログの経験をさせることがお勧めです。その後に、本と2〜3のサイトを参照させてあげることで、「このどちらかで探してごらん」と投げかけてあげるといいです。適切な選択肢をだんだんと増やしてあげる。そうして経験値を積ませてあげていき、その先に自由に選択できるようにしていけるといいです。ただ、自由にした後も「何でもいいよ」のままにしておくと、子どもの思考はどんどん脇道に逸れていってしまうことがあります。そういうことがないように、自由な選択のときも教師は机間巡視をしながら良い姿を価値づけていく必要があります。いわば「ガードレール」のような役割を担うということです。そうすることで**子どもたちの自由の安心・安全を保障してあげることが、主体性を育む上で大切なこと**です。

任せるにもステップが必ずあります。いきなり任せると子どもたちは戸惑い、むしろ逆効果です。経験を積ませて、選べるようにさせて任せていく。自転車に乗る練習をするときにサポートする大人のような役割が求められます。先生は補助輪になったり、後ろで押さえてあげたり、横で一緒に走ってあげたり、走れるようになったらガードレールになったり、役割が徐々に変わっていきます。

02

アウトプットを任せる

２０２０年度から２０２１年度にかけて一人一台端末が配備されました。それ以前から教員をしていた僕は、一人一台端末がある時代もない時代も知っています。そんな僕にとって一番の衝撃・変化は、「アウトプットの多様化」です。タブレットやノートＰＣがあることによって表現方法がかなり増したことが大きな変化です。

一人一台端末が来るまでは、単元の最後のアウトプットは、手書きの模造紙、手書きの新聞、手書きの本、手書きのポップなどでまとめるしかありませんでした。もちろん手書きは味があって良いところでもあるのですが、その一方で字を書くのが苦手な子や、絵を描くことに苦手意識がある子にとっては苦痛な作業であったりもします。それが今までは当たり前でした。

ＧＩＧＡスクール構想以降は、様々な表現方法が選べるようになりました。

GIGA スクール構想“後”	GIGA スクール構想“前”
・ポスター ・プレゼンテーション ・レポート ・動画 ・デジタルの新聞 etc. ※すべてデジタルで綺麗にできてデザインも画像も豊富。以前よりも差が大きくない。	・模造紙 ・新聞 ・紙芝居 ・本 ・ポスター etc. ※すべて手書きで、出来栄えに大きな差が出る。

PowerPoint や Google スライドのようなプレゼンテーションソフト、Word や Google ドキュメントのような文書作成ソフト、Canva などのブラウザアプリを使って凝ったデザインのポスターをつくることも容易になりました。動画もあっという間につくることができます。画面収録などを使えば、プレゼンテーションを動画にすることもできますし、音声の吹き込みも簡単にできます。

今までは限られた選択肢しかなかったアウトプットの方法でしたが、本当にたくさんの表現方法が選べるようになりました。これは前述したように苦手なことがある子にとっては救いであり、より本質的な、「身につけたい力」にフォーカスできるようになりました。

選べるようになること＝任せること

小さな選択をさせていくこと、それが任せていくことの下地となります。学習の中でどちらでもいいものは積極的に任せていきましょう。一番簡単な例は、総合的な学習の時間の最後にアウトプットする機会があるときや外国語のスピーチをするときに、発表はGoogle スライドでもCanvaでつくっても良いよ、という話をすることです。

体験させてから選べるようにする

これは前項の「情報の得方を任せる」にも通じていることですが、必ず押さえなければならないことがあります。それは**「体験をさせたものではないと選ぶことは難しい」**ということです。

やったことがないことは選べない（選んでも効果的にやれない）のです。だから1年の始まりでいきなり選ばせようとしないで、一つずつ一つずつ教えていって、その先に選べるようにしていくということを意識していきましょう。

教師の知っている幅＝選択肢の幅

アナログもデジタルも選べればいい。これは後述しますが、デジタルが絶対いいとも限りません。手書きの方が力を発揮する子もたくさんいます。

大切なのはどちらも選べることです。どちらも選べるようにするためには、どちらも体験させていくことです。

何度も言いますが、ＧＩＧＡスクール構想での最大の恩恵はこの、表現方法が多様化したことです。そのメリットを最大限味わうためにも、教師自身がいろいろなツールに触れて、体験していくことが大切です。

当然ながら、先生が知っている幅でしか、子どもたちには提供できません。僕たち教師自身も選べるように常に体験をし続ける、学び続けることを止めない。それを意識していきましょう。

03

交流を任せる

一人一台端末と係活動は抜群の相性

係活動や学級会では子どもたち同士の交流が盛んになります。一人一台端末が来てから間違いなく活発になったもののナンバーワンが係活動です。

念の為記述しておきますが、当番活動と係活動の違いはご存じでしょうか？　簡単にいうと「学級で1日過ごす上でなくてはならない仕事」が当番活動で、「なくてはならないものではないけれど、あると豊かになる仕事」が係活動です。黒板を消す仕事、手紙をポストから取りに行く仕事などは当番活動です。ダンスをしたり、クイズを出したり、生き物を飼ったりするのは係活動です。子どもたちの「やりたい」という意欲が詰まった活動で、大人の想像を超えた創造的なことをしてくるのでとても一人一台端末との相性がいいです。

ただ、あまり使い慣れていないと子どもたちはどこまで使っていいのかがわからなくなったり最初は戸惑ったりします。よくこんなことを質問してきます。

C　先生、〇〇係でタブレット使ってもいいですか？
T　もちろん大丈夫です。どうしてそんなこと聞くの？
C　だって勝手に使ったら怒られると思って（小声）
T　係活動ってなんのためにするんだっけ？
C　みんなを豊かにしたり、笑顔にしたりするため。
T　そうだよね。そのために使うのだからいいに決まっているじゃないですか。

そんなやり取りをしながら、「目的があるのであれば、自由に使っていいものなんだよ」ということを伝えていきます。

「タブレットは文房具」という言葉がだいぶ浸透してきましたが、まだまだコントロールされている文房具という印象は拭えません。「先生が言った時だけ使える道具」になってしまっています。

そうではなくて、一人一台端末を自由度高く使うことを子どもたちに任せてみましょう。大きく目的から外れている時は軌道修正が必要ですが、そうではないときはそっと見守ってあげましょう。

一人一台端末を任せていくことで、交流が加速する

一人一台端末を使えるようになると、あっという間に交流が加速していきます。共同編集を教えてあげれば一緒にスライドやドキュメントをつくることが行われます。協働的な学習がごくごく自然に行われます。

例えば以前にあったのは、新聞係ではアンケートフォームをつくる子とそれをまとめる子と、手分けをして活動していました。子どもたちが自ら役割分担をして、それぞれで仕事をして、クラスのみんなにGoogle classroomで呼びかけてまとめるところまでやっていました。

遊び係の子たちは、クラスの遊びを企画して、そのルール説明をスライドにし、大画面を使って説明してから遊びを行っていました。係活動での交流がスムーズに行われていました。

読み聞かせ係の子たちは、スライドで読み聞かせの台本をつくって、手元のタブレットで表示しながら一枚一枚見せて読み聞かせをしていました。その読み聞かせを毎回楽しみにしている子がいました。

お楽しみ会では、クイズをつくる子が kahoot! を使って問題を出していました。熱くなるほど真剣にやっていて、楽しい時間を過ごしていました。

これらはすべて子どもたちが勝手に企画し、実行していったことです。やり方を知り、やることを任せられた子どもたちは力を発揮していきます。それを妨げているのは先生なのではないかなあと、自分自身思ったことを覚えています。

係活動は子どもたちに真剣に、遊びを任せられる絶好の機会です。そうすることでどんどん交流が生まれていきます。少し勇気を出して任せ、見守ってみましょう。

04

使う使わないを任せる

デジタルの良さはもちろんあります。けれどアナログの良さもあります。それは一人ひとりの力によって違います。デジタル機器を使って何かを表現するのが得意な子もいれば、デジタル機器を使うとかえって表現ができなくなる子もいます。

私はデジタル機器を使うことが大好きな人間です。なんでもかんでもPCを使ってつくってしまえばいいと思っていますす。でも私の妻はデジタルが苦手です。ただ、絵を描かせたらあっという間になんでも描いてしまいますし、何かをつくる時の丁寧さには歯が立ちません。このように人間には、得手不得手があります。改めて言うことではないかもしれません。ですが、僕ら教師はどうしても一つの方法しか認められないことがありませんか？　宿題などでも、「ノートいっぱいに練習してきなさい」なんていう漢字の宿題を一律に出している先生がまだいますが、それは子どもたちの能力や得手不得手を全く考慮しないでやらせていることに他ならないのではないでしょうか。子どもが選択できる、それを教室で多く味わわせていくことが自己決定できる子どもを育てることにつながると思います。

デジタル、アナログどっちにする？

僕は1年間を通して子どもたちと関わっていくときに、最後には自分で学び方を決められる子になっていってほしいと思っています。1学期にはいろいろなアプリやツールを使ってその良さを味わってもらいます。スライドでまとめをしてプレゼンテーションをしたり、ドキュメントで報告書を作ったり、画面収録で動画にしてみたり、音声のみで提出したり、「どれかだけ」にならないように幅広く体験させます。そうしていきながら、だんだんと2学期途中あたりから子どもたちに託していきます。

T　今日はタブレットにまとめてもいいし、ノートにまとめても

使えるツールは山のように、あとは何を選択して活用していくかである

いいです。自分で決めてください。

C　え！　やったぁ！　タブレットにする！

C　私はノートにまとめていこう！　調べる時だけタブレットを使うのもいいですか？

T　もちろんです。むしろいい使い方ですね！

C　僕はどうしていいかわかないなぁ…。決められないよ。

T　（近くに行って）どちらでもいいよ。今までやってきたこのやり方でやってみたら？

C　そうか、同じでもいいんだね。

T　そうだよ。どちらにしても自分で決めてやるのが大事だよ。

こんなやり取りをしながら自己選択・自己決定することの大切さを伝えていきます。1回で伝わることではないので何回も何回もこういった機会をつくっていきます。毎回変わってもいいし、変わらなくてもいいです。チャレンジバイチョイス（参加者自らが課題に対して挑戦する度合いや方法を選択すること）で、どんどん挑戦していくことを後押ししましょう。こういう小さな選択を一つひとつしていくことが「任せる」ことにつながっていきます。

実際の授業では「表現」を任せる

私は、6年社会科の授業でこれを行っていました。1学期前半はノートにまとめることをし、後半はドキュメントやCanvaにまとめていました。2学期あたりからは自分で決めるんだよということも予告しながら取り組んでいくことで、見通しをもつことができていました。ノートは書かされるものと小学生は思ってしまいがちなのですが、自分で考えや学んだことをまとめていくものということも同時に伝えていく必要があります。

表現は表現をしないと上手にならないです。いくら私たちの授業が上手になっても、子どもの表現力は伸びません。授業の中で、子どもが表現する幅をもたせ、時間と機会を設けてはじめて表現の力は付いていきます。だからこそ表現することも任せていくことが大切です。表現することと一人一台端末はとても相性がいいです。だからこそ、表現の時間を思い切って任せて、使うこと使わないことも選べるようにさせていくことが、私たち教師にできることです。

05

ルールを任せる

「子どもが勝手にYouTubeを見てしまったらどうするんですか？」

「学習に関係ないサイトを見てしまいます。どうしたらいいですか？」

よくこのような質問をいただきます。そういう悩み、よくわかります。タブレットの運用とルールの策定は、切っても切り離せない関係です。

大前提　共に改善する

でも同時に思うことがあります。それは**一人一台端末を管理しなくちゃいけないと思っていること**についてです。鉛筆や消しゴムを使って、ノートの端に落書きをしていることと、本質的には一緒のことだと思います。つまり目の前のことが面白くなくて「暇をもて余している」状態です。その状態にして、「落書きしてはいけない」というのは、「自分の授業は改善しない。あなただけが改善しないといけない」と言っているようなものではないかな、とよく考えます。だからまずはルールの前に改善すべきところがないかというのは常に自問自答していかなくてはいけないことだと前置きをしておきます。

与えられたルールなのか　関わったルールなのか

その上でルールの話です。これは一人一台端末に限った話ではありませんが、みなさんは「ルールが窮屈だ」と思った経験はないですか？　例えば何か事件・事故などが起きた際に、職場でもプライベートでも、これまでできていたことができなくなることがあるかと思います。急に上からのお達しで禁止されるようなことがあると窮屈な感じがしませんか。反対に、自分自身の至らなさに気が付き、自分自身で「これは変えよう」とするときに、ルールを設けることがあるかと思います。どちらも同じ「ルール」ではあるのですが、**自分とその「ルール」の距離が、自分ごとになるかどうかを大きく分けています。**

前者の急なルール変更は、自分には直接関係がないし相談もなしに決められたことなので、「なんでこんなことに」と自分ごとになりにくいし、後者の自分発信のルール変更は自分のことが発端で、変わるのが自分なので完全に自分ごとになります。

つまり何が言いたいのかと言うと、ただ単に与えられたルールなのか、自分にも関わるルールなのか、それだけでそのルールを遵守するかが大きく左右されるということです。

今の学校現場のルールはどうなっているでしょうか。子どもたちからの声を吸い上げているでしょうか。反映することができているでしょうか。正直、私の学校でもまだまだです。一人一台端末が当たり前にある今、学校の役割は善きデジタル市民を育てる「デジタルシティズンシップ」の考えをもとにすれば、こういったルール策定も大きなチャンスです。一市民として、対話を重ね、折衝点を見つけ、合意に至るという大切な機会です。その機会を私たち大人は生かすことができているでしょうか。

決めることを経験させる

「ルールを任せる」というのがこの項目のタイトルですが、これは何も好き勝手になんでもかんでもやらせるということではありません。これまでの話にも共通していますが、いきなりすべてを任せるのではなく、小さく任せる範囲を設け、そこで決めさせる。そして実行していく、それが大切です。そしてその小さな「任せる」を大事に大事に育てていき、次第にその経験が蓄積され、大きな「任せる」を託すことができるようになってきます。一人一台端末のルールも同じで、例えばまずは「テストの後の過ごし方はどうするか」とか「休み時間の使い方はどうするか」、他にも「授業中に、指示がないときには開いてもいいのか」など様々なケースが出てくると思います。そういったときに、こちらがすべてを判断することは簡単です。時間をかけてでも、遠回りしてでも子どもたちに話を聞いて、小さなことを決めることをさせていくことが「任せる」ことに他ならないと思います。知り合いの学校では任意のＧＩＧＡのチームを募集し、子どもがルールを決めたり、スキルの向上を図ったりしていると聞きました。とても素晴らしい取り組みです。

「任せる」とは

いきなり全員にやらせようとするのではなく、「できることを、できる人から、できるサイズで」進めていくことが、変化をもたらしていく重要なマインドだと思っています。少しずつ少しずつ任せていき、その範囲を大きくしていくことが大切です。1年間をかけて任せられる体制づくりをしていくことを僕は「任せる」と言うのだと考えています。

1年間の最後に任せることを据えて、授業や教育活動に取り組んでいくことからまずは始めてみましょう。

第7章

トラブル解決を「任せる」

01〜03 松山康成
04〜07 深見太一

01

トラブル解決を「任せる」ために必要な教育的支援

子ども同士のトラブルを、なにもなしに突然任せることはできません。子ども同士のトラブルに、子どもたちだけで関わることは、余計に問題が大きくなってしまったり、問題が解消せずに人間関係がさらに悪化してしまったりする可能性もあります。トラブル解決を「任せる」ためには、教育的支援としていくつかの取り組みを導入することが必要です。

まず、本章で紹介する取り組みを行う前の、よくある学級での子どもたちのトラブルへの関わりの実際を見てみましょう。

たろう（当事者）　なつき、ドッジボールの時、コートから足出てたで。
なつき（当事者）　出てないよ。
たろう　みんな出てるって言ってるし。
なつき　そんなん知らんわ。

たろう　うそつけ！　――①
（言い合いが続き、周囲の友だちも入る）
けんじ（介入者）　何してんの？　――②
たろう　なつきがドッジの時に足出てたのに、うそついてんねん。
けんじ　え！　なつき足出てたん？　――③
なつき　だから出てないって。
けんじ　でもたろうはそう言ってるしなー。――④
けんじ　じゃあ、じゃんけんしたら？　――⑤
たろう　そうしよ。
なつき　えーーー。　――⑥
（なつきは納得していないが、じゃんけんをする）

子ども同士の関わりにおける問題点を、やや強調して表していますが、珍しい場面ではないでしょう。さて、この場面には文中の①～⑥で示した6つの問題点がありました。

①すぐに他者を責める関係性…問題が悪化しやすく関係性の改善が見込めない。
②他者の関わりがきつい…攻撃性があり、問題に対して修復的に関わる姿勢ではない。
③すぐに決めつける…状況把握が不完全なまま、善悪や状況を決めつけて接している。
④一方の意見を鵜呑みにする…公平という観点が欠如しており、より関係悪化を煽る。
⑤解決方法を決めつける…一方的な提案で両者が納得していないまま解決に向かう。
⑥一方の不満を聞き入れない…両者の思い・願いは尊重されずに解決に走ってしまう。

このような事態に陥らないために、次のページの図の3つを実現する必要があります。そのために、「感情・体調共有ポケットチャート」「ポジティブカード」そして「ピアメディエーション」の取り組みを紹介します。取り組みを行うことで、①〜⑥の問題点は次のように変えていくことができます。

①すぐに他者を責める関係性→相手の状況や気持ちを考慮した言葉かけが実現する。
②他者の関わりがきつい→対立はあるべきもの、対立は新たな価値を生み出す場面であることを、当事者同士、そして介入者とも価値を共有できる。

③すぐに決めつける→解決を急がず、善悪の判断は〝保留〟にして、まずは両者の言い分を聞く姿勢が介入者にある。

④一方の意見を鵜呑みにする→必ず介入者は両方の当事者から話を聞き、当事者同士も相手の話を聞く。

⑤解決方法を決めつける→あくまでも判断は当事者が行うものであるということを、介入者が理解する。

⑥一方の不満を聞き入れない→関係の修復に当たっては、必ず両者の気持ちを確認し、これからどうしていくかという未来志向で話し合いを終える。

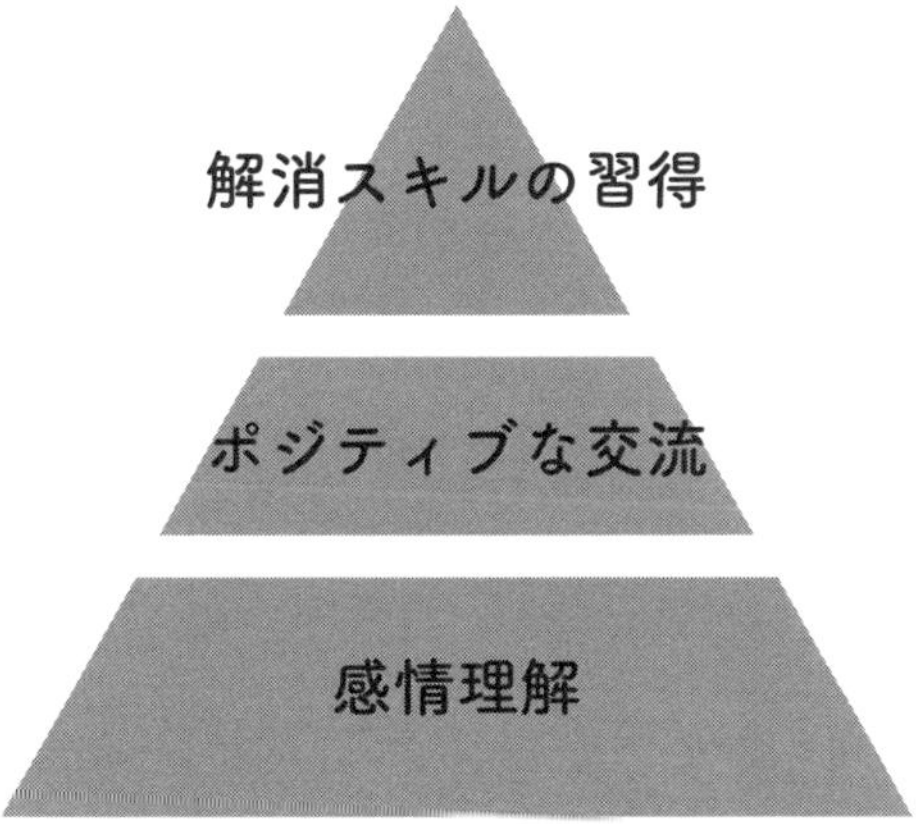

トラブル解決を任せるために必要な３つの要素

子ども同士の他者理解を促進する

トラブルのような感情が高まった場面でのコミュニケーションは、特に難しいものです。

それは、他者がどのような状況なのか、またどのような体調や気持ちであるかを把握することが難しいことが影響します。

そのために、子どもたちの感情を共有できる仕組みとして、「感情・体調共有ポケットチャート（松山・栗原、２０２１）」というものを学級の中でシステムとして取り入れて、他者の感情理解を促進します。これは、学級人数分のポケットがあるポケットチャートに、一人ひとりが青（元気）、黄（イライラ）、オレンジ（ダルい）、赤（体調不良）の４色のカードを自分のポケットに入れて、

感情・体調共有ポケットチャート

自分の感情や体調に合わせてカードを変えて、その時の自分の様子をみんなと共有するというものです。

この４色をどのような気持ち・体調に割り当てるかも、子どもたちと考えます。これによって、トラブル時でもやさしい言葉がけができたり、普段の感情理解を通して気持ちが高まっている場面でも関わりをもてるようになったりします。

子ども同士が互いのよさに目を向ける

トラブル場面というのは、感情の高まりと同時に、他者への攻撃性も高まりやすい場面です。そのような場面で子どもたち同士が関わるためには、日ごろよりポジティブな関わりを行うことが重要です。

そのために学級の中でシステムとして行いたいのが、「ポジティブカード（松山・枝廣・池島、２０１６）」です。

ポジティブカードは、①相手の名前、②その言葉を伝えた日付、③場面、④具体的な言葉、⑤自分の名前の５つを記入します。こ

れによって、その言葉を日付や場面などで具体的に出来事を思い出せるものにし、もらった相手にとって、書いた人のポジティブなメッセージが伝わる大切な1枚になります。このカードを教室内に掲示することで、クラスのみんなと共有することができ、それによって学級全体がポジティブな雰囲気に変容していくでしょう。

実際に取り組む際には、配布している3枚のカードの内、1枚を座席などの小グループで、全員がもらえるように渡し合います（小グループ型）。

あとの2枚は、例えば日直に全員で渡し合ったり（指名型）、学級の仲間に自由に渡し合ったりします（自由型）。

この際、カードを直接手渡しし合うのではな

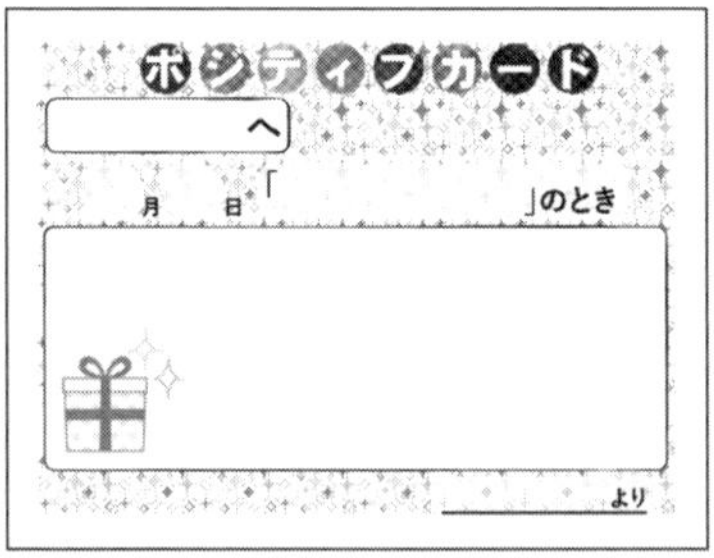

ポジティブカード

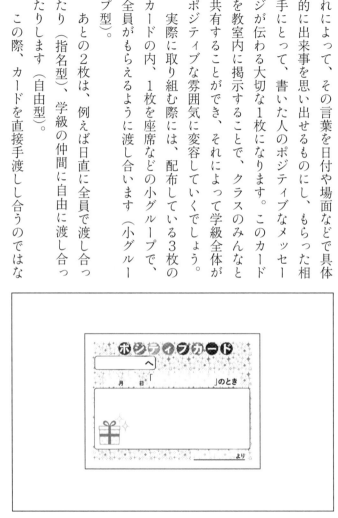

く、ポケットチャートをもうひとつ用意し、そこに投函するという形で実践すると、みんながカードをもらえているかどうかを確認することができます（ポスト投函型）。
このようにいくつかの方法を組み合わせて、カードをみんなが受け取れるように、また、カードの記入が難しい子に配慮していくことが必要でしょう。

【参考文献】

松山康成・栗原慎二（2021）他者理解を促進する「感情・体調共有ポケットチャート」の開発：新型コロナウイルス感染症流行下におけるミスコミュニケーション予防．学習開発学研究13、79－85．
松山康成・枝廣和憲・池島徳大（2016）子ども同士で感謝と賞賛を伝え合うポジティブカードの有効性の検討―対人的感謝と学校環境適応感に及ぼす影響―．ピア・サポート研究13、25－38．

02
トラブル修復スキルを学ぶ
ピアメディエーション

学級の中で感情理解やポジティブな関わりを促進することができれば、次は実際にトラブル解決スキルの学習として「ピアメディエーション（松山・池島、２０１４）」の授業を行います。

ピアメディエーションとは、ピアとは「仲間」、メディエーションとは「仲裁・調停」という意味であり、「仲間による仲裁」を意味します。ピアメディエーションは3時間のプログラムとして授業を行います。

第1時間目　メディエーターの役割を学ぼう

ピアメディエーションではトラブルに介入する人のことをメディエーターと呼びます。メディエーターは当事者双方が言い分を十分に話せるよう援助的態度をもつ中立者であることを心がけ、自ら判断を行わないようにします。あくまでも当事者が解決の提案をし、当事者同士の合意形成に導く役割に徹します。話し合いでは、Cole(1999)の「AL'S（アルス）の法則」を使用して行います。AL'Sの法則とは「A（Agree）」、「L（Listen）」、「S（Solve）」という頭文字をとったもので、ピアメディエーションによる話し合いにおけるルールです。

ピア・ディエーションは次ページの表のような手順で行います。ピアメディエーションはあくまでも、もめている当事者同士がピアメディエーションに参加する同意があって実施される手続きです。よって、当事者への同意の確認は極めて大切です。また、話し合いでは、必ず当事者一人ひとりが、メディエーターに向かって話します。当事者が面と向かって話し合うのではなく、メディエーターの方を向いて話をして、言い争いになることを防ぎます。当事者から話を聞いたメディエーターは、その話を他方の当事者に再度伝えます。こうして、話の交通整理をすることを心がけます。

AL'Sの法則
A=Agree（アグリー） →3つのルールを守る ①正直に自分の気持ちを話すこと ②しっかりと相手の話を聞くこと ③相手が話をしている時は、決してさえぎらないこと
L=Listen（リッスン） →聞き合う ①上のルールを守って、自分の言いたいことを話す ②話の食い違いをはっきりさせていく
S=Solve（ソルブ） →解決へ向かう ①解決するためにはどうしたら良いかを考え、話す ②どうしていけばいいか、心に浮かんだことを話す

また、ピアメディエーションでは、自分の主張と相手の言い分を踏まえて、解決策を考え合います。子どもたち同士のピアメディエーションでは、それはとても難しいことです。よって、メディエーターからの解決策の提案を行うことも勧めます。しかしこの案は公平であること、そしてあくまでも提案であり、それに同意するかどうかは、当事者が決めることとします。

第2時間目　トラブルを解決してみよう

ピアメディエーション指導用ビデオ（池島・竹内、２０１１）の「そうじサボったでしょ⁉」の逐語録を資料として配布し、授業を行います。逐語録と指導用ビデオを併用することにより、メディエーターの受容的な姿勢や修復的な言葉がけが、

	セッション	もめている人	メディエーター
1	もめごとの確認	けんか・もめごとをしている	もめていることを確認する
2	メディエーションへの同意	話し合いに同意する	話し合いに入っていいか、もめている人に聞く
3	ルールの確認	アルスの法則を確認する	アルスの法則を説明する
4	順番の決定	決まった順番を守る	話をする順番を決める
5	話し合い	自分の主張をする 相手の言い分を聞く	うなずいたり、目を合わせて傾聴する
6	くり返し	メディエーターの話を聞く	それぞれの主張・言い分を整理し、もう一度言う
7	提案	提案に対して意見する	解決策を提案する
8	同意	同意する	同意したことを確認する

ピアメディエーションの手順

対立している当事者の感情の鎮まりに影響していることを説明することができます。この授業では、メディエーションの概要だけでなく、対立を通して他者と修復的に向き合う上で大切な尊重や受容といった価値を伝えることができます。

メディエーションにおいては、解決したあとに「良き隣人」としての関係をつくることを目指します。ここで言う良き隣人とは、「仲良し」という意味ではなく、あくまでもお互いに存在を認める、存在することを良しとする、というような関係であり、その関係の延長線上に交友関係の回復があるという考え方です。

【参考文献】

Cole, T (1999) Kids Helping Kids: a Peer Helping and Peer Mediation Training Manual for Elementary and Middle School Teachers and Counsellors. Peer Resources

池島徳大・竹内和雄（２０１１）『ピア・サポートによるトラブル・けんか解決法！指導用ビデオと指導案ですぐできるピア・メディエーションとクラスづくり』ほんの森出版

松山康成・池島徳大（２０１４）ピア・メディエーショントレーニングプログラム（PMTP）を用いた生徒指導実践．ピア・サポート研究、11、21－28．

03

ロールプレイ授業と、授業後の子どもたちのトラブル解決

第3時間目　学級のトラブルを解決してみよう

最後の授業として、自分たちが日ごろ教室や学校生活で起きているトラブルを出し合い、その中から一つ選択し、当事者とメディエーターの配役を決めてロールプレイを行います。子どもたちからは「こんなことで怒るのかな?」や「このトラブルは解決できない」などの声があり、実際の自分たちのトラブルを客観視しつつ、トラブルを解決する難しさを感じることができるでしょう。

この授業では、教材が自分たちの生活の中の事象であることで、自分たちの生活を、ロールプレイを通して振り返ることができます。また自分たちの生活を見直し、これからどのような友達との関わりが大切かということを考える機会ともなります。自分が当事者となったトラブルや、見たことのあるトラブルのロールプレイを見ることで、解決策の多様性や怒りの度合いが人によって違うことを考えることができるで

しょう。

授業の終盤では、上手にロールプレイができたと思うグループに、学級児童全員の前でロールプレイを演じてもらい、良かったところをみんなで発表する時間を設けました。

このような3つの授業を通して、最初に提示したトラブルは、子どもたちによって次のように解決することができるようになるでしょう。

たろう　なつき、ドッジボールの時、コートから足出てたで。
なつき　え、うそやん。私、出てないと思うけど。
たろう　いや、ホンマやって。
（言い合いが続き、けんじがピアメディエーションを行う）
けんじ　何か、あったん？（もめごとの確認）
なつき　たろうがさ、私の足がラインから出てるって言うねん。
けんじ　たろう、そうなん？
たろう　せやねん。なつきの足、ラインから出ててん。
けんじ　そうか、じゃあもめているんやったら、話し合いに入っていい？（ピアメディエ

ーションへの参加の同意）

なつき　ありがとう。

たろう　じゃあ、お願い！

けんじ　じゃあ、話し合いを始めていくけど、ルールはこの間の授業で教わった『アルスの法則』でいい？（ルールの確認）

なつき・たろう　いいよ。

けんじ　じゃあ、どっちから話す？（順番の決定）

なつき　たろうからでいいよ。

けんじ　なつき、ありがとう。じゃあ、たろうから話してくれる？（話し合いの開始）

たろう　うん、さっきのドッジの時に、なつきがボールをよけようとしたときに、足が出ててん。

けんじ　たろうは見てたわけか。その時、どう思ったん？（くり返し・感情の確認）

たろう　足出てたけど、もしかしたら気づいてないなーっと思った。

けんじ　そうか。なつきが気づいていないかもって思ったんか。

けんじ　なつき、たろうは見ていたようなんだけど、今の話聞いてどう思う？

なつき　ちょっと自分のボールを見てたから、足元は見てなかったから、そうなのかもしらん。
けんじ　そうか、じゃあどうしたい？
なつき　ちょっと自分でもわからんけど、たろうがそう言ってるから、外野に行くわ。
けんじ　たろう、なつきはそう言ってるけど、どう？
たろう　いや、気を付けてくれたらそれでいいよ！外野に行かなくても。
けんじ　そっか、けんじがそう言ってるけど、なつきどう？（提案）
なつき　次から気を付けるわ！ありがとう、たろう、けんじ。
けんじ　うん、じゃあ解決できて良かったな！

このように子どもたちにトラブル解決を任せることができるようになったとともに、学級でのもめごと自体が以前と比べて少なくなっていきました。
この授業を通して、対立を解消する手立てを学んだ子どもたちは、自分自身がもめごとの当事者となった際にも、解決に向けた考え方や話し合いができるようになったのだと考えられます。

04
トラブルを未然に防ぐプロアクティブ

クラスの中で問題は無数に起こります。人と人とが生活しているので当たり前のことだと言えます。むしろトラブルの乗り越え方や、解決方法を学校に学びに来ているといっても良いでしょう。たくさんトラブルを起こすことは、その子の成長につながります。例えば小学校6年間で100回ケンカをした子と、一度もケンカしたことがない子を比べてみれば、100回ケンカをした子の方が、「人との折り合いのつけ方」を学べているのかもしれません。とは言いながらも、対応する先生の立場になってみれば、ケンカをしたりトラブルがあったりするたびに時間を取られてしまっては、とても大変です。授業も進めなければいけないし、職員室でやらなくてはいけないことも山のように積み重なります。ではどうすれば良いのでしょうか。

新しく出された生徒指導提要の中にプロアクティブという考え方があります。プロアクティブとは予防法のことです。

トラブルを未然に防ぐことができれば、ことが起こってから対応するよりも何倍も少ない時間と労力で乗り越えることができるのです。

ケンカの多いけいた君としんご君

しんご　サッカーをしてたら、けいた君が足を蹴ってきた。
けいた　足を蹴ったのじゃなくてボールを取ろうとしたら当たっただけだ。
しんご　いつもいろんな子の足を蹴っているし、わざと足をねらっている。
けいた　そんなことないよ。しんご君だって足蹴ってくるもん。

休み時間が終わるたびにケンカになるけいた君としんご君。一緒にサッカーしなければいいと先生は思うのですが、なぜか一緒にサッカーをしています。トラブルのたびに2人を呼び出して、諭したりルールを決めたりするのですが、ほとんど効果はありません。3時間目の授業はいつもそのせいで遅れてスタート。ほかの子たちも「またあいつらかよ」と困り顔です。

リアクティブとプロアクティブ

問題行動に対し、いつもとっている対応方法をリアクティブと言います。今までのケンカに対しては、叱る・諭すという方法をとっていました。けれども改善はみられません。そこで、どうしたら良いかプロアクティブを考えます。先生1人で考えてもいいですが、できれば同じ学年の先生やクラスの子どもと一緒に考えてみます。子どものトラブルを解決する方法は、実は子どもが一番良く知っているのです。特に一緒にサッカーをしている子は、普段あまり声をあげなくても様子を良く見ていて、こうすると良いという方法を知っている場合もあります。今回子どもたちから出たプロアクティブは、

・けいた君としんご君を同じチームにする
・どちらかがキーパーをやる

というアイデアでした。これは先生だけでは思いつかないアイデアでした。

プロアクティブで心の余裕を確保する

先生の仕事は感情労働です。子どもに寄り添えば寄り添うほど、感情に振り回されることが多くなります。自分でメンタルを保つ方法があれば良いですが、休職している先生の数の増加を見てみると、やはりなかなか難しいことがわかります。

そこでプロアクティブの登場です。リアクティブは反応するという意味で、問題が起こってから行動するので、これもまた疲れます。そうではなく、**プロアクティブをあらかじめ考えておき、先生の余裕があるタイミングで予防策を取り入れます。イライラしなくてすむので、子どもにも言葉が伝わりやすいです。**

教室の中で起こるたくさんの問題に対して、プロアクティブを考えることはトラブルを未然に防ぐこと、先生の心のゆとりを確保すること、子ども同士で対応方法を考えることにもつながるので、いろんな意味で効果が高くなります。

05

立ち歩きが止まらない子に対して

授業中何度も立ち歩く子がいます。近くに行って声をかけたり、強めに注意をしたり、休み時間に呼び出して相談したりと対応方法を考えます。保護者にも相談します。けれどもなかなか座っていられません。声をかけて数分は大丈夫なのですが、しばらくするとすぐに立ち歩きが始まります。先生は「うーん困った」と頭を悩ませます。

なぜこの子は立ち歩くのでしょうか。いろいろな理由が考えられます。もちろん一つではないかもしれないですし、ケースバイケースなので、これが正解ということはありません。まずはその子を観察して、記録を取ります。ある程度記録を取っていくと、傾向が見えてきます。算数の時間に立ち歩きが多いとか、朝一番が落ち着けないなどです。見えてきた傾向を元に対策を考えていきます。

算数の時間が多いのであれば、学び残しが多く、今の学年の問題を解くのが難しいかもしれないという仮説を立て、タブレットで過去の学年の問題から学び直しをしてみること。立ち歩く先が仲の良い友達のところであれば、席替えの際に隣の席にして、わからない時や不安な時に頼れる子を近くにしておくこと（もちろん同意を取った上で）。朝の立ち歩きが多いのであれば、朝の会の最初に1分間体操をして身体を動かしてみたり、逆に瞑想（マインドフルネス）を取り入れて、心を落ち着ける時間を設けてみたりします。

立ち歩く子に対し、「座りなさい」とか「立ってはいけません」という声かけがあまり効果がないのであれば、必要以上に声はかけません。そうではなく、本当にその子の求めているものを見極めてアプローチをすることで、立ち歩きを減らしていきます。前項にあるようなプロアクティブを考えるのも有効ですし、仲の良い子に相談してみるのも良いでしょう。ポイントは次の3点です。

・立ち歩く子がなぜ立ち歩くのかを考えてみる
・その子が本当に求めているものにアプローチできるようにする
・目に見える現象だけにアプローチをしないこと

まずは本人に話を聞いてみる

Ｔ　最近授業中立ち歩いているけどなにか困っているの？
まさる　うーん。よくわからないけど。座っていられない。
Ｔ　先生が見ていると算数の時間が多いと思うんだけど。
まさる　算数は嫌いなんだ。
Ｔ　なんで嫌いなの？
まさる　かけ算とかよくわからん。
Ｔ　そうかー、じゃあかけ算の勉強からやり直ししてみる？

こんな形で、まずは本人と対話をしてみます。教室の中で困っていることを本人もよくわかっていないこともあります。まずは対話をすることで、今までは見えていなかったものが見えてくることにつながります。本人もわかっていない時には、仲の良い子にヒアリングをします。他にも去年の担任の先生・養護教諭・ＳＣ（スクールカウンセラー）・保護者などいろいろな人に聞いてみることで本当の困りごとが見えてきます。

氷山モデルを意識してアプローチする

人はどうしても氷山の見えている部分にアプローチしたくなりますが、本当にアプローチするべきは隠れて見えていない部分なのです。先生1人でそこにアプローチしようとするととても大変です。だからこそいろいろな人の手と目と脳を借りて氷山の下に隠れているものに気づいていきます。

そのためには子どもをよく見ること。記録を残すこと。対話をすること。周りの人にヒアリングすること。そういった営みを駆使しながら子どものことを理解していきましょう。

06
結局は覚悟の問題である

これはトラブル解決だけに留まらず、任せることすべてに対して言えることですが、最終的には担任の先生の覚悟があるかないかに関わってきます。

子どもに任せようという覚悟。本気で成長を支えようという覚悟。そのために支援者になるという覚悟があるかないかで、すべての営みが変わってきます。もちろん一つひとつのハウツーも大切ですが、まずはやろう！と決めることで、すべての結果が変わってきます。

①判断軸をあらかじめ示しておく

こちらに進めばいいんだよという方向性を示しておきます。教室のみんなが笑顔になるという目標を示しておけば、子どもが勝手なことをすることは減りますし、違った方に進んでいる時に注意をすることができます。

②支援者になると決める

どうしても先生という立場が邪魔をして、指示をしたり子どもたちを引っ張ったりしてしまうことがあります（もちろん必要な場合もありますが）。

そうではなく、支援者という立ち位置を心掛けてみましょう。子どもに任せるときには、柔軟な姿勢で、子どもの困っていることや不安なことを聞き取り、それを一緒に解決していけるフォロワーであるようにふるまってみましょう。

③マイクロマネジメントをしない

マイクロマネジメントという言葉を知っていますか？　一つひとつに指示を出し報告を求める。これでは過干渉な保護者のように、子どもに関わりすぎて時にその成長を妨げてしまいます。丁寧に子どもに指示を出すのはとても大切なことですが、丁寧と過干渉の境目をわかっていないと、子どもは窮屈さを感じてしまいます。そんなに細かく言うのであれば、先生がやればいいじゃん！という声が聞こえて来ないようにしないといけません。ある程度の幅をもたせて、自己決定をする余地を残しておきましょう。

放任と任せるの違いは

子どもに任せると言いながら放任に陥っている場合もあります。トラブル解決を任せると言って、そのまま放置してしまうのは大問題です。では放任と任せるの違いはどこにあるでしょうか。

・今、子どもが何に取り組んでいるのか事実として言えること
・今、子どもが抱えている不の感情（不安・不満・不便）を言えること
・やったことに対してフィードバックができること（感謝を伝える）

この3つがスムーズにできる時は、任せていると言えるでしょう。反対に1つでもわからない・できていないことがある場合は放任に陥っていると思われます。

もう一つ、任せているのに周りからみると放任していると思われることもあります。管理職の先生から大丈夫?と心配されることもありますが、事前と事後に今子どもたちが乗り越えようとしている課題と関わっているメンバーなども一緒に報告しておくことで、安

心できるでしょう。もちろん保護者にも同じように伝えておけると非常に安心して学校に送り出せることに繋がります。

学校・教室を面白くするために

トラブル解決と言われるとネガティブなイメージをもってしまいがちですが、実は学校を面白くするために取り組むのです。これを最初に子どもに伝えます。どうしたら今の学校がもっと面白くなるかな？と問いかけると、驚くほど答えが出てきます。その中の解決できそうなものからみんなの力を使って解決していくのです。

例えば、いつも同じ子ばかりがサッカーボールを使ってしまうという不満。この不満が積み重なると大きな衝突を生みます。そうなる前に、現状をみんなで把握して、問題を洗い出しどうしたら解決できるのかを考えていくのです。解決へ進むと、みんなが気持ち良くボールを使うことができるので、学校に来るのがさらに楽しくなります。こういった小さな積み重ねが、大きな成果をもたらしてくれるのです。

07
失敗を恐れない

子ども同士でトラブルを解決しようとしてもうまくいかないことも良くあります。先生がやってもうまくいかないのに、子どもに任せるなんてとんでもない。そんな考え方もあるでしょう。

では、なぜ子どもに任せるのでしょうか。それは、失敗経験を積ませるためです。**一部だけを見ると失敗に見えるものも、時間軸を長く設定してみると、今後の成功に向けた成長のタネになるのです。**

そこを先生が理解して、どんと構えていられるかどうかが非常に大切になってきます。

失敗学という考え方

元東京大学大学院特任教授・濱口哲也氏は「新しいことに挑戦した時、９９・７％は失敗に終わる」と言っています。けれども失敗学という考え方は、失敗に学ぶということ。創造のプロセスで必ず起こる失敗をそのまま終わらせるのではなく、有効活用しましょう。失敗から学ぶために失敗の上位概念である失敗知識に変える必要があるとも述べています。

転んでも立ち上がるために

子どもたちが失敗しないように過保護に教育をしてしまうと、失敗したときに立ち上がることができない子に育ちます。過度に失敗を恐れ、挑戦を避け、人と関わることも避けるようになります。私たちが育てたいのは本当にそんな子ですか？　転んでも立ち上がることができる根っこの強い子を育てたいと思いませんか？　社会に出て、大きな失敗をして打ちのめされる前にせめて学校の中ぐらい自由に失敗をさせてあげませんか？

そのためには、任せて自由にやってみること。失敗をする権利を子どもたちから奪わないようにしていきたいですね。

失敗経験を子どもに伝える

失敗してもいいよと子どもに伝えてもなかなか思い切って失敗するのは難しいです。まずは先生がしてきた失敗を伝えていきます。私は、体育主任をしていた時陸上大会への引率の仕事がありました。大会に出る子たちの給食カットをお願いされていたのですが、いろんな仕事をバタバタと行っている内になぜか5・6年生の給食を全員分カットしてしまったのです。陸上大会からたくさん賞状をもって嬉しそうに学校に戻ったものの、学校に残った子どもたちからは非難轟々。管理職の先生たちがおにぎりを買いに市内中を走り回ってくださったそうです。こんな失敗談も赤裸々に伝えます。そうすると子どもたちも失敗しても大丈夫なんだということを学びます。

まずはやってみようという気持ちを育てる

トラブル解決を自分たちでする。一見すると面倒くさそうですが、解決できた先には大きな自信と経験が身に付きます。どんなことでもそうですが、やってみたいと思わないと始まりません。無理やり先生がやれ！と言っても子どもたちの心に火が灯っていないと途中で尻すぼんでしまいます。

どんなことでも最初が一番大変です。初動負荷と言いますが、自転車でもこぎ始めに一番エネルギーがいります。だからこそ、子どもがやってみたい！と思えるように声をかけていきます。時には背中を見せ、今までの先輩たちがそれによって何を手に入れてきたのかを語ります。小さく小さくでいいので、スモールステップで任せていきます。

リーンスタートアップというビジネスの考え方があります。仮説を立てて、構築して、検証するサイクルをぐるぐる回します。このトラブルを乗り越えたらどうなるという仮説を一緒に子どもと考えます。その後、一緒にトラブルを乗り越える方法を構築し、終わった後に検証してみます。うまくいけば続ければいいですし、うまくいかない場合は次の方法を試します。

- 失敗もすべて長期的視野で見ると、失敗知識へと昇華できる
- 転んでも立ち上がる子を育てよう
- まずはやってみようとする。そのためには先生がフットワーク軽く取り組んでみる

成功か失敗の二択ではなく、失敗を何度か続けた先に実は成功が待っています。となると失敗ではなく成功に一歩近づいただけなのです。

おわりに

Chat GPTが世間をにぎわせています。ＡＩに質問をすればあらゆることに答えてくれる世界がついに訪れました。こんな時代に授業をする意味や学びを深めるとはどういうことなのか再考しなければいけません。

そういう意味でも本書は、今までのやり方を改めなければと考えるきっかけになったのではないでしょうか。ＡＩと人間の大きな違いは感情をもつかどうかです。無機質に物事を進めるのが得意なＡＩに対し、やる気ややりがい、喜びや嬉しさなどをフルに享受できるのが人間の素晴らしいところです。機械的な計算はＡＩに任せていけるとして、楽しい・嬉しい・悲しい・苦しいといった感情を伴うものは人間にしか担えません。そしてそこを耕すことができるのも、先生という仕事の大きな魅力の一つです。そのためには先生方が感情をいつも味わい、起伏に敏感である必要があります。子どもに任せるための一番のコツは実はここにあるのではないかと思っています。

もう一つは、仲間との協力です。今回執筆に協力してもらった先生方は、本気で日本の教育を良くしようと動いている先生たちです。私一人で書くよりも、それぞれのスペシャリストの先生方が現場でどのように子どもに任せているのかを知ってもらうことが、何よりも参考になると思い執筆をお願いしました。期間が短い中、さらに年度末の忙しい最中に自分の教室で実践してきた数々を惜しげもなく紹介していただき、心から感謝申し上げます。

この部分もＡＩでは担えないことではないだろうかと感じます。それぞれの先生との間でのやり取りや、今までのストーリーは決してＡＩには作り出せないエモーショナルな部分です。教室の中でもきっとこのような体験が求められていくのではないでしょうか。

・感情を揺り動かすような共有体験
・一生忘れられないような子ども同士や先生とのストーリー
・腹がよじれるぐらいみんなで笑い転げた思い出

こういった物語を紡ぎだすためにも、「子どもに任せる」をどんどん楽しみながら進めていってください。一生ものの財産となる経験があふれるほど生まれていきます。

執筆者を代表して

深見太一

【執筆者一覧】＊執筆順

深見　太一（愛知教育大学）
矢田　良博（和歌山市立岡崎小学校）
佐橋　慶彦（愛知県名古屋市立守山小学校）
五十嵐太一（栃木県宇都宮市立豊郷中央小学校）
乾　　倫子（香里ヌヴェール学院小学校）
室根　広菜（沖縄県糸満市立高嶺小学校）
二川　佳祐（東京都練馬区立石神井台小学校）
松山　康成（東京学芸大学）

【参考文献】

宗實直樹『社会科「個別最適な学び」授業デザイン　理論編』明治図書
森川正樹『小学生の究極の自学ノート図鑑』小学館
葛原祥太『「けテぶれ」宿題革命！』『「けテぶれ」授業革命！』学陽書房
蓑手章吾『子どもが自ら学び出す！自由進度学習のはじめかた』学陽書房
佐藤　学『学校の挑戦　学びの共同体を創る』小学館
坂本良晶『生産性が爆上がり！さる先生の「全部ギガでやろう！」』学陽書房
深見太一『対話でみんながまとまる！　たいち先生のクラス会議』学陽書房

【編著者紹介】

深見　太一（ふかみ　たいち）

愛知教育大学非常勤講師

公立小学校教員13年を経験後、私立小学校の立ち上げから２年の計15年小学校教員として働く。

現在はクラス会議講師として、心理的安全性を高めるための学校教員研修や企業研修を行う。中京大学硬式野球部モチベーションディレクターとしても関わる。

HP　ぜろいち０→１

https://zeroichi-enjoy.com/

◀各種 SNS はこちらから

子どもに任せる勇気と教師の仕掛け

2023年10月初版第１刷刊 ©編著者 深　見　太　一

2024年３月初版第２刷刊　発行者 藤　原　光　政

発行所 明治図書出版株式会社

http://www.meijitosho.co.jp

（企画）赤木恭平・新井皓士（校正）山根多恵

〒114-0023　東京都北区滝野川7-46-1

振替00160-5-151318　電話03(5907)6701

ご注文窓口　電話03(5907)6668

＊検印省略　組版所 日本ハイコム株式会社

Printed in Japan　ISBN978-4-18-311439-6